営業はいらない

三戸政和

SB新書
503

はじめに

営業はいらない!?

本書は『営業はいらない』という釣りのようなタイトルであるが、私は10年後には営業という概念がなくなっていると確信している。大量生産、大量消費を煽ってきたビジネスモデルから、「本当に必要なモノやサービス」だけが生き残る時代に移行すると考えているからだ。

「本当に必要なモノやサービス」へのアクセスは、今や非常に容易となった。Googleの検索窓に文字を打ち込めば、ものの数分で情報にたどり着き、自宅にいながらにしてモノが購入できる。AI時代に入れば、インターネットに埋もれる膨大なモノや情報の中から「自分に必要であろう」情報が自動的に送られてくるようにもなっている。

たとえばＡｍａｚｏｎの「あなたへのおすすめ」に心動かされない人は少ないのではないだろうか。ＡＩがこれまでのあなたの購入履歴を分析し「これ、いりませんか？」と巧妙にすすめてくる。

これをやられると「そういえばこれ切れてたな。買っておこう」「よくわかったな。実はすごく興味があったんだ」と、まんまとおすすめを買わされる。

しかも未来はより進化していて、購入履歴のみならず、サイトの閲覧履歴、ＳＮＳの投稿履歴、スマホを介した位置情報の履歴など、あなたの生活や嗜好のすべてをＡＩが分析し、より質の高いレコメンド（推薦）を行ってくる。

でもそこには、一切、人が介在していないことを私たちは忘れてはいけない。

そんな「営業がいらない時代」が忍び寄ってきている事実に、もう気づきはじめている人も多いのではないだろうか。

何しろ、そこここに変化の兆候は表れているのだから。

先日亡くなった瀧本哲史氏も、２０１１年の著書『僕は君たちに武器を配りたい』

の中で、「（資本主義社会の中で）今後生き残っていくのが難しくなるだろう人種がいる。それは（略）単にモノを右から左に移動させることで利益を得てきた人（略）会社から与えられた商品を、額に汗をかいて販売している日本の多くの営業マン」だと予見している。

瀧本氏がこの本を書いてから8年が経ったが、事実、営業マンを多く抱えるＪＴＢは「２０２２年までに従業員数を自然減と採用抑制で２０００人程度（現在の総数の7％程度）減らす」という方針を２０１９年に発表している。それ以外の変化の兆候については、本文の中で詳しく述べていくが、ここではいくつかその項目を列挙してみよう。

①ＡｍａｚｏｎによってＢtoＣにもたらされた大変革は、ＢtoＢの現場でも起きはじめている。

②医療業界では、営業の代名詞と言えるＭＲ（医薬情報担当者）を代替するサービスがすでに浸透している。

③フィンテックが銀行業界を脅かしているように、あらゆる営業の分野で、セールステック（Sales Tech　営業支援ツール）の存在感がますます大きくなっている。

これらのことから浮かび上がるのが、もはや「営業はいらない」という現実だ。10年後にはこの社会から営業という概念がなくなっているという確信がある。変化はすでに忍び寄っている。気づいたときには世界はもう変わっていた、ということにならないよう、営業マンたちよ、刮目せよ――、という話なのだが、私は決して営業マンたちに退場宣言を出そうとしているわけではない。この本を読み終わるときには、営業マンたちの目指すべき道が見えるようなものを書こうと思っている。

話は、『サザエさん』に出てくる三河屋さんの話からはじまる。

蘇る三河屋のサブちゃん

ご存じの方も多いだろうが、三河屋さんとは、『サザエさん』に出てくる酒屋さんだ。サブちゃんと呼ばれる三河屋に住み込みで働く従業員の若い青年が、サザエさんの家を担当していて、いわゆる御用聞きをする。

御用聞きというと、ただのお遣いのようなイメージを持つかもしれないが、実はこのサブちゃん、極めてコミュニケーション能力の高い、優秀な営業マンなのだ。

そして、サブちゃんはサザエさんやフネさんがいる時間を見計らい、勝手口から入っていく。サザエさんやフネさんと軽快な会話を重ねながら、「醤油、そろそろ切れる頃ですよね」とか、「熱燗がおいしい季節ですよ、日本酒どうですか」とタイミングよく注文を取り、商品を後で届ける。つまりサブちゃんは、BtoCの「営業マン」としての役割を、存分に発揮しているのである。

本書でいう「営業」とは、「見込み客を集め、情報提供しながら見込み客の購買意欲を高める。その中から購買可能性が高い見込み客を選別し、個別にアプローチ。打ち合わせを重ねながら、ニーズをヒアリングし、提案の作成、価格交渉、そしてクロージングまでもっていく」プロセスのことを指す。サブちゃんは、この定義に沿った営業を、サザエさんやフネさんにしっかり行っているのだ。

かつての商店では、このような営業活動が当たり前だった。

サブちゃんの働く三河屋さんもそうであるし、商店街には八百屋や魚屋が軒を連ね、「今日はアジが安いよ」「朝採りのレタスだよ」と道行く奥さんに声をかける。これも言ってみればBtoCの営業だ。それぞれの商店が、魅力的な商品説明をしながら販売活動を行っていた。

しかし現実世界にはもう、サブちゃんのような御用聞きはいないだろう。三河屋さんは『サザエさん』の世界だけの存在だ。

ただ勘違いしないでほしいが、私は、三河屋さんを駆逐したのがAmazonだなどと、短絡的なことを言いたいわけではない。三河屋さんのような御用聞きが姿を消した理由は、消費者の生活や購買スタイルが変化したことにある。何よりスーパーマーケットの登場の影響が大きい。

スーパーマーケットが個人商店を駆逐した最大の要因は、その「便利さ」にある。

スーパーマーケットに行けば、肉や魚、野菜といった食材も、洗剤やティッシュのような日用品も、生活に必要なモノはすべて、手頃な値段で手に入る。わざわざ専門店で買い回る必要はなく、スーパーマーケットに行けばワンストップで買い物が完了するのだ。

近所にスーパーマーケットが出店すると、商店街の小売店は大きく売り上げを落とすこととなる。そして、スーパーマーケットでは、威勢のいい声をかける魚屋のおじさんのような営業マン的機能を果たす人の存在も必要ない。

そんな「便利さ」によってBtoCのスタイルが変わるのは、リアルな店舗にとどまらない。インターネットショップの台頭により、この流れは一層顕著となった。中でも衝撃を与えたのはAmazonの台頭である。

私たちは今、スマホを使えば、ネットにあるそれこそ何百万、何千万もの膨大な商品情報にアクセスできる。自宅にいながらにして、自分の「ほしい」を満たすモノに出合えるのだ。

どこに住んでいようが関係ない。スマホ1台あれば、数回タップするだけでほしいモノが手に入る。わざわざ店まで足を運ぶ必要もない。だから店がつぶれる。

アメリカで、創業100年を超える百貨店のシアーズが倒産したことは、記憶に新しい。アメリカの小売業界はAmazonによって、大きく変貌してしまった。

かくしてBtoCの姿は、「便利さ」によって変遷を遂げてきたわけだが、その結果、現れたのが、Amazonのような「人」の介在しない購買システムだ。もはや顧客と商品との間には、テクノロジーしか介在しない。

しかし、ここで忘れてはいけないのが、そんなテクノロジーの中にも、三河屋のサブちゃんの御用聞きと変わらぬ機能が、たしかに備わっているということだ。

『サザエさん』の中でサブちゃんは、サザエさんにこんな提案をする。

「そろそろビールが切れる頃ですよね、1ケース、入れときましょうか」

これは磯野家の家族構成、お酒の好み、購買状況、消費スパン、季節や天候といった条件をすべて把握しているからこそできる絶妙なレコメンドだ。

だからいつもサザエさんは「ちょうど切れたところだったの、ビール1ケース、お願いね」と、言われるがままに注文してしまう。

この商品のイチオシの流れ、何かに似てはいないだろうか。

そう、現代のサブちゃんは、勝手口から現れるのではない。スマホの中にそっと現れ、「あなたに必要なモノ」「あなたが好きそうなモノ」をすすめてくるのだ。サブちゃん的営業は今、AIなどのテクノロジーに代替され、スマホの中で蘇っているのである。これはつまり、小売店型B to Cの営業マンが、テクノロジーに代替されたということだ。

そしてこの話は、小売店型B to Cに限ったものではない。

詳しくは第3章でお話しするが、すでにB to Bにおける「購買」や「ルートセールス」においても、営業マンのテクノロジーへの置き換えははじまっている。

複雑な営業もテクノロジーに代替される

ただそう言うと、こんな反論が出るかもしれない。

「たしかに小売店型B to Cの営業や、B to Bの購買やルートセールス的なルーティンタスクの営業は不要になるかもしれない。でも顧客を訪問してヒアリングし、提案するといった、複雑なノンルーティンタスクはなくならないはずだ」と。

しかし、そう思っている人は想像力に大きく欠ける。

詳細は後述するが、現在、営業の現場では、MA（マーケティングオートメーション）やSFA（セールスフォースオートメーション）、CRM（カスタマーリレーションシップマネジメント）などの、「セールステック」と呼ばれる最先端の営業ツールが台頭してきているのだ。

日本ではこれまで「営業」という概念が曖昧で、幅広い意味で使われてきた。一方、このセールステックが普及しているアメリカでは、かなり精緻にプロセスの管理がなされている。ターゲットリストの作成、電話やメール、アポイント、提案、交渉、受注などにプロセスを分け、それぞれのプロセスごとに対応するスタッフが代わる。

簡単に言えば、MA、SFA、CRMといったツールは、営業の各プロセスにおいて、人の関わりを極力排除し、自動化するものである。だから、自動化された部門の営業マンから先に職を失っていくことになる。

アメリカでは、外回りの営業のことを「フィールドセールス」と呼び、そのフィールドセールスを社内にいながら支援する内勤型営業のことを「インサイドセールス」と呼ぶ。

米経済誌『フォーブス』が行った調査（2017 Sales Trend Research）によると、欧米では「セールステックを最大限に活用することで、このフィールドセールスの数を如実に減らす動きが出ている」という。テクノロジーの活用によって営業活動を効率化することで、営業マンの数を減らし、コスト削減を図ろうとしているわけだ。

アメリカで起こっている波は、今後、必ず日本にもくる。

しかも営業マンにとっては残念な話だが、ことはそれだけにとどまらない。

詳しくは第2章でお話しするが、今現在、正しい「戦略」を用いることで、営業マン自体を必要とせずにモノを売る体制をすでに確立しようとしている最先端企業がある。これはもはや、営業マンがテクノロジーに代替されるといったレベルの話ではなく、営業活動自体が真の意味で不要になっていくことの証左である。

そこで本書では、そんな営業マン受難の時代に、主に営業マンの人たちに向けて、これから先10年ほどをかけて起きる未来と、その未来を歩むための生き方を、真剣に提示していきたいと思っている。

「営業はなくならない」という反論

実は今回、こうした考えを、本書発売の前に講談社のＷｅｂ媒体「現代ビジネス」で発信すると、「営業はなくならない」という批判が殺到した。

そこでの批判は大きく三つに分類できる。

①顧客のニーズを把握し、提案する営業はなくならない。
②トラブル処理や顧客の感情処理など、ホスピタリティが必要な営業はなくならない。
③ほしいものがわからないという顧客への営業はなくならない。

しかしこれらについては、たとえば①は特注板金加工の見積もり営業が自動化され、すでに営業不要になっていることを第3章で説明している。②については第4章で、ホスピタリティを冷静に細分化すれば、すべてがＡＩに置き換え可能であることを説明している。③についても電気自動車の「テスラ・モーターズ」社や家電メーカーの「バルミューダ」社をひきあいに、やはり営業は不要であることを第2章で論じている。

本書のメインである第3章ではテクノロジーの話をしているが、「テクノロジーに営業は殺される」という話についても、現時点では「そんなことはない！」と考える人がマジョリティだろう。しかし、15年にわたってテック業界を見てきたベンチャーキャピタリストの私としては、テクノロジーが人の想像をはるかに超えて進化することを体感している。

私がベンチャーキャピタリストになった15年前は、まだｉＰｈｏｎｅの姿形もなく、日本にＦａｃｅｂｏｏｋも存在しない時代だった。この時代には、サイズのパターンが多く、試着が必要な「服飾」は、ネットで売れないと言われていた。しかし実物を手に取らないと売れないとされていた服飾も、その後、アパレルＥＣのＺＯＺＯＴＯ

WNが、テクノロジーを使ってそれが可能であることをあっという間に実証した。

iPhoneが日本に上陸した2008年には、日本経済界の水先案内人であった大前研一氏が、「日本でiPhoneは流行らない」と断言していた。当時はガラパゴス携帯のネット通信やポータブルミュージックなどの機能が充実していたし、ワンセグや着うた・着メロなど日本独特の機能がよく使われていたからだ。

Facebookが上陸したときも、世間では「日本人は実名で何かを発言することは不得手だから、実名制のSNSは使われない」と言われていた。しかしそんな批評や疑念が、10年経った今、まったく間違っていたことは誰もが知るところだろう。

こうしたテクノロジーの進化を先読むセンスはすぐに備わるものではない。私たちベンチャーキャピタリストは、とてつもなく僅少な情報で軌道を想像し、判断できるよう日々訓練している。今、芽吹こうとしているいくつかのテクノロジーから将来を予測するのが、我々ベンチャーキャピタリストの仕事であるが、これまで1000社以上のベンチャー企業を見てきた鍛錬の結果、今、私は「営業はテクノロジーに置き換えられる」と確信している。

近年、営業という概念を脅かすセールステックのベンチャー企業がさまざまなツールを世に生み出している。それらの動向を認識し、テクノロジーの進化の先を想像すれば「営業はいらない」ことをきっとあなたも理解できるだろうと思う。

まずは一度、キツネにつままれたくらいのスタンスで、その可能性を否定せず、エンジョイしながら本書を読み、将来を予測する練習をしてほしい。

AIが仕事を奪うといった類の本がここ数年人気だが、概念的なことは書かれていても、どのようなAI技術の転用で、どのような仕事が消滅していくかまでは示されていない。

しかし本書では、営業という仕事を細分化しながら、具体的にどのような仕事がどのように置き換えられていくかについても記してある。これについてもぜひ楽しんで読んでほしいと思う。

本書にあなたの今後の人生の参考になる部分が少しでもあれば、筆者として望外の喜びである。

2020年1月

三戸政和

第1章 サラリーマンの不幸の根底には「営業」がある

第2章

世界はもう「営業不要」で成功しはじめている

第3章 テクノロジーが営業を殺す

第4章 営業マンはどこに向かうのか

第5章

営業マンを自由にする「小商い」のすすめ

第1章

サラリーマンの不幸の根底には「営業」がある

郵便局の「保険押し売り」はなぜ起きたのか

昨今「郵便局の保険押し売り問題」が、日本中の耳目を集めている。郵便局員が、顧客の不利益となるような形で保険を販売していた問題だ。

日本郵政グループの内部調査によると、ターゲットとされたのは高齢者ばかりで、不適切販売の数は18万件超。調査が進めばその数はもっと増えると見込まれている。手口として多かったのは、既存の契約者に気づかれないよう保険料の二重払いをさせていたり、同じ保証内容であるにもかかわらず保険料の高い契約に乗り換えさせたりするやり方だ。

顔なじみの郵便局員が自宅に立ち寄り、20〜30分ほど世間話をした後、「営業で立ち寄ったことを報告しなければいけないから、ここにサインしてほしい」と紙を差し出す。特に疑うこともなくサインをすると、なぜか高額の保険に加入したことになっている。そんなことが全国で相次いでいたという。

また、ゆうちょ銀行の通帳は緑色、かんぽ生命保険の保険証券は青色であるが、「通帳が緑から青に変わる」などと言って、貯金と保険を混同させるようなトークで保険の契約をさせた事例すら見られた。

昔から続く地域の郵便局を、高齢者は厚く信頼している。郵便局員たちは、そんな高齢者からの信頼を裏切るような営業活動をしていたわけだ。「郵便局というだけで、高齢者の場合、だましやすい」とは、現役郵便局員の弁である。

郵便局といえば、お役所仕事でのんびりしたイメージがいまだ残っている。牧歌的に仕事をしていると思われていた彼らに、なぜここまでして契約を取る必要があったのか。

その背景には、過剰なノルマの存在がうかがえる。

郵便局では多くの局で、昨年度実績の2倍、中には3倍もの目標が割り当てられているところもあった。現実感のないこの目標に苦しめられるのは、もちろん現場の局員たちである。

NHKの「クローズアップ現代+」(2018年4月24日放送)が行ったアンケートには、30代の元郵便局員から「高齢者に強引に販売せざるを得ない環境が郵便局にはありました。お客さまに申し訳ない気持ちが日に日に強くなり退職しました」という声が寄せられた。このコメントが示しているのは、この問題が組織的なものであったということにほかならない。

ノルマを達成できない職員には、「恫喝研修」「懲罰研修」と呼ばれる研修も行われていたという。実績の低い局員が支社に集められ、「お前らここにきて恥ずかしくないのか！」などと、1時間にもわたって教官からなじられ続ける、正に「パワハラ研修」である。

郵便局では保険の営業だけでなく、年賀状やカタログギフトなどの販売に対しても、厳しいノルマが課せられていた。販売ノルマ達成のために、局員自身やその身内が商品を購入する、いわゆる「自爆営業」があったことも指摘されている。

局員に課せられた過剰な営業ノルマの矛先が顧客に向かい、高齢者を中心に、必要のない保険を契約させられる。このようなゆがんだ実態が浮き彫りとなった。

「不正」と「ノルマ」の問題は郵便局だけじゃない

営業マンによる不正の問題が発生しているのは、郵便局に限った話ではない。

先進的経営を行い「地銀の優等生」とまで呼ばれたスルガ銀行で、2018年5月、1兆円にものぼる不正融資問題が発覚した。スルガ銀行はこれを機に、一気に経営不振へと陥った。

また、同じ金融業界において、情報ろうえいなど相次ぐ不祥事で苦境に陥っている会社がある。業界内から「ノルマ証券」と揶揄される「野村證券」だ。

この2社と郵便局に共通しているのが、やはり「ノルマ」の問題である。

産経新聞2018年9月18日付の記事によると、シェアハウス投資に絡むスルガ銀行の不正融資問題について、第三者委員会の行ったアンケートには、次のような回答が並んでいたという。

- 「数字が出せないならビルから飛び降りろ」と叱責された
- ものを投げつけられ、パソコンをパンチされ、「おまえの家族を皆殺しにしてやる」と言われたまた、野村證券も「ノルマ証券」という異名の通り非常にノルマがきつく、業界内では上司からの締め付けの厳しい会社として知られている。

「ノルマが達成できなければ、上司に殴られるのは当然」

「成績の上がらない課長代理とその奥さんが応接室に呼び出され、上司から厳しく叱責されていた」

これは、バブル期に野村證券で最も稼いだと言われる横尾宣政氏の著書『野村證券第2事業法人部』（講談社　2019年7月刊行）で明かされた話である。同書には信じられないようなエピソードが並び、野村證券のブラックぶりがうかがえる。

令和の時代にも残る「ノルマ」という名の亡霊

「ノルマ」というのは、そもそもロシア語を起源とした言葉であり、社会主義時代に国家が個人や団体に強制的に割り当てた「労働の目標量」のことを指している。

「ノルマ」という言葉を日本に伝えたのは、シベリア強制労働からの帰還者であった。そしてノルマは単なる目標数値ではなく、それだけの「強制力」を内包していた。高度経済成長期以降、日本でもさまざまな企業で社員にノルマが課せられるようになった。自らも家庭も顧みず、ノルマのために働くその姿は「企業戦士」、あるいは、当時放送されていた人気CMにちなんで「モーレツ社員」などと呼ばれた。

この時代のサラリーマンたちは、残業や休日出勤が当たり前。退社時間が日付を越えることも多く、中には会社に泊まり込み、家に帰れるのは週に一度だけ……などという人もいた。

しかし驚くべきことだが、郵便局やスルガ銀行の例を見てもわかる通り、この前近代的にも思われる「ノルマ」は、決して過去のものではない。

2019年4月、コンサルティング会社であるアタックス・セールス・アソシエイツが発表した「日本の営業実態調査2019」では、46・1%の営業マンが「昨年度のノルマを達成できなかった」と回答した。

半数近くの営業マンがノルマを達成できていないという点からも、今なお、多くの

営業マンの2人に1人が目標未達成

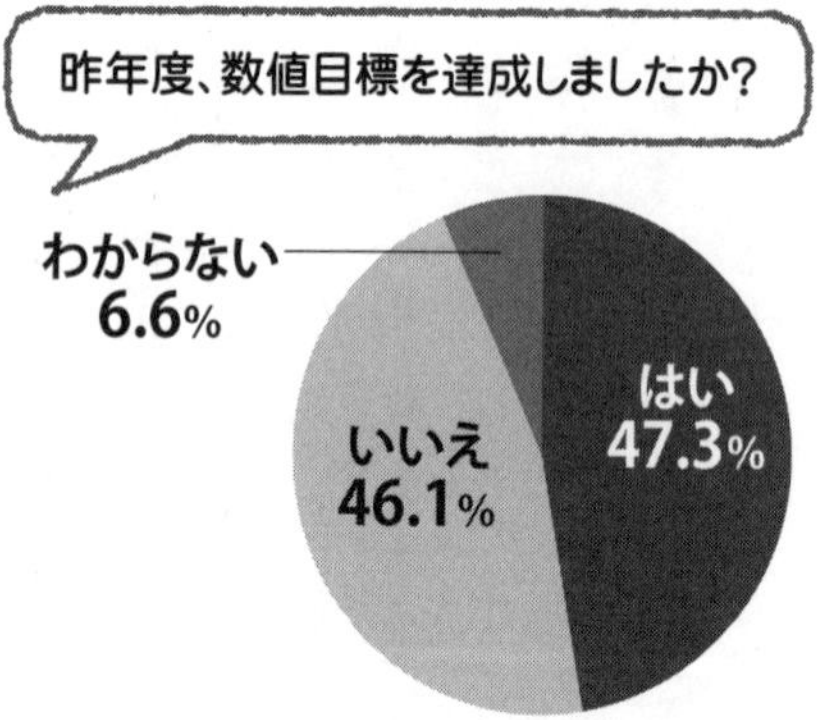

日本の営業実態調査 2019（㈱アタックス・セールス・アソシエイツ）

企業で無理なノルマを設定し、組織として圧力をかけながら営業活動を行っていることがうかがえる。

ノルマという昭和の遺物は、平成を越え、令和の時代にもいまだ残り続けているのだ。

ノルマを課す営業姿勢に無理がある

ではなぜ、大企業の中でも、特に営業マンを多く抱える企業において、「ノルマ」と「不祥事」の問題が併存してしまうのだろうか。

考えられる要因としては、これら企業のビジネスモデルが時代に追いつかず、多くの営業マンを余剰に抱えた結果のトラブルであることがうかがえる。

先に紹介した「日本の営業実態調査2019」で興味深いのは、ノルマを達成できなかった理由の第1位が「営業戦略が悪かった」であったことだ。

数字が上がらないのを、自身の結果としてではなく、組織の営業戦略のせいにしている様を見ると、「そもそも他人のせいにするような人間のパフォーマンスが悪いのは当たり前だ」という思いが、頭をよぎる。

しかし私は、そういった個々の資質云々の前に、そもそも営業の成果が上がらない根本的な原因は、「営業戦略」以前の「経営戦略」にあると考えている。

実際、営業成績が上がっていない企業の多くが、古いビジネスモデルのままであるか、無理のあるビジネスモデルを採用している。要するに、それらの会社の経営戦略自体が破綻しているのだ。

先に紹介した野村證券がわかりやすい。たとえば金融商品というのは、もうすっかりコモディティ化（一般化）している。どこで誰から買っても大差がないのだ。トヨタの株を野村證券から買おうが、インターネット証券で買おうが、トヨタ株自体の値段は同じである。

ちなみにインターネット証券は、ＩＴ産業の中で最も収益を上げたビジネスモデルだと言われている。インターネットとは、情報伝達コストを限りなくゼロに近づけることができるツールである。そして金融商品の売買は、モノを介さずデータ上で完結する。つまり、金融商品の売買はインターネットの仕組みと極めて親和性が高いということになる。そのためインターネット証券という業態が大きく躍進したのである。

こうした流れの中で、野村證券に代表される対面型の証券会社にとって、かつては収益の柱であったはずの手数料が、大きな足かせになっていった。

顧客との対面取引をベースとしている野村證券では、その分の営業コストが上乗せされるため、売買手数料が高くなる。一方、インターネット証券であれば、人件費がかからない分、手数料を安くできる。

これがどれほどの差を生んだかというと、2019年11月時点において、野村證券の支店窓口で国内株式を購入すると、20万円以下の取引の手数料は、税込みで2860円である。それに対して、インターネット証券の最大手であるSBI証券であれば、10万1円から20万円までなら115円となっている。実に約25倍もの開きが発生しているのだ。

かくして、インターネット証券は、そのシェアを一気に拡大していった。1999年10月から2000年3月の期間において、インターネット証券の売買代金は全証券取引のわずか1・8％にすぎなかった。それが、2018年10月から2019年3月の期間には、証券取引全体の23・6％を占めるほどに成長している。

一方、こうしたビジネスモデルの変化に対応できず、多くの営業マンを抱えたままになっている野村證券の窮状はといえば、前述の通りである。その後、全国に156ある本支店・営業所のうち、東京・大阪・名古屋圏の25支店を廃止し、近隣の大きな支店への統合を余儀なくされ赤字となった。野村證券が赤字になるのは、リーマンショック以来、実に10年ぶりのことである。

これは手数料が高いという価格優位性が劣るにもかかわらず、無理やりノルマを課してゴリ押しで商品を売っていくという営業手法が、もはや通用しない時代になったことの証左である。

旧来型のビジネスモデルの弊害

前述の郵便局のビジネスモデルもまた、時代に取り残されしものの典型例である。

2007年に民営化され、初めて郵便局は市場原理に晒されることとなった。すると競合である三菱UFJ、みずほ、三井住友などのメガバンクに比べ、収益性が低いことが判明する。その要因は、郵便局が他の銀行と大きく異なるビジネスモデルを取っていることにある。

郵便局は民営化によって、日本郵政を持株会社に、日本郵便、かんぽ生命、ゆうちょ銀行に分かれた。しかし、民営化がうまく進んでいるとは言いがたい。

日本郵便には、日本全国であまねく公平に利用できるようにする「ユニバーサルサービス」が義務付けられている。しかし、その多大な負担を補う解決策は見つからないままだ。また、ゆうちょ銀行は、民業圧迫を理由に、いまだ法人相手の融資が許可されていない。

日本郵政グループは、民営化こそされたものの、自由化されたわけではない。まるで手足の一部を縛られたような状態なのである。

そんな中、日本政府は、震災の復興資金として郵便局の株式売却を見込み、4兆円の予算を組み込んだ。つまり、2022年までに、株式を売却して4兆円を作らなければならないのだ。

この売却目標に企業価値が到達するために、足かせをはめられたまま過大な利益目標を掲げられた日本郵政グループは、いまだ利益を上げる柱の事業を見つけられずにいる。このような状況の中、かんぽ生命の生命保険販売だけが、グループの売上増加における頼みの綱にならざるを得なくなった。かくして生じたのが、日本中で社会問題となった、かんぽ生命の不適切販売事件だ。

郵便局や野村證券、スルガ銀行がここまで追い詰められた背景には、企業が旧来型のビジネスモデルを捨てられず、過剰な営業マンを抱え続けなければならないという要因が横たわっている。

こういった旧来型の企業は、インターネット証券のような、わずかな人員で営業を回せるビジネスモデルが台頭してきたところで、いきなりそちらに転換することができない。すでに抱えている大量の営業マンを解雇することもできないし、肥大化した組織を緩やかに小さくしていくためにいきなり「今年から新卒は採りません」というわけにもいかない。

では、雇用を維持するための戦略とは何か。それこそが、過大な営業目標を掲げ、ノルマを徹底することでなんとか売り上げを確保するという「営業戦略」であった。そしてこれは同時に、会社にとって唯一の「経営戦略」にもなった。

このようにして、過大なノルマが強引な営業や不正につながり、ついには不祥事を蔓延させるというお粗末な結果につながっていった。

これが、昨今の営業マンを取り巻く厳しい環境なのである。

ショッキングな続報

そんな昨今の営業マンを取り巻く厳しい環境に対し、一つの解答を浮き彫りにしたのが、2019年11月、各種報道で流された「郵便局の保険押し売り問題」に関する〝続報〟だ。

日本経済新聞電子版（11月14日）は、「かんぽ増益予想に修正へ」というタイトルで、次のような記事を配信した。

「かんぽ生命保険が2020年3月期の業績予想を上方修正する見通しとなった。前期比23％減の930億円を見込んでいた連結純利益は1300億円を超え、増益となりそうだ」

これを読んだ多くの方が「不正を行ったのに増益予想？」と不思議に思われたことだろう。この記事のキモは、次の部分である。

「かんぽは保険料の二重徴収や保険料の高い契約に乗り換えさせるなど不適切な販売

が6月以降に相次いで見つかった。7月中旬から積極的な営業の自粛を続けている。新契約件数は自粛前から大きく落ち込んでいる。新契約が減ると、販売委託先の日本郵便に対する手数料も減る。顧客の加入審査や保険証券の作成といった事務費も少なくなる。不利益を与えた疑いのある18万3千件の顧客に対する契約時の状況調査や全3千万契約の顧客の意向確認に費用はかかるが、それを上回る経費減となっている」

つまり、営業の自粛によって営業マンが動かなかった分、なんと大幅な経費削減を実現でき、業績の上方修正につながりそうだというのだ。これは郵便局が、抱えすぎた営業マンの雇用を維持するために、無駄であっても営業活動を行わざるを得なかった自縄自縛の状態が、明らかに誤っていたということだろう。

日本企業に起きる組織的な構造上の問題

ではなぜ、過剰な数の営業マンを抱える大企業がここまで増えたのか。

答えは、「大量生産・大量消費」というかつての時代背景にある。

生産量を大幅に増加すると、商品一つあたりの製造コストが下がる。この仕組みを利用して製品を極限まで作り、それを売り捌いて利益を確保するというビジネスモデルが、「大量生産・大量消費」である。

かつて日本ではこのビジネスモデルが隆盛を極め、多くの企業がその波に乗って規模を拡大、大企業化していった。

そして、過剰に生産された製品を消化するために、消費を煽るような営業手法がとられ、大量の営業マンが企業に抱え込まれていった。

しかしそもそも産業活動とは、製品を生産するプロセスではなく、顧客を満足させるプロセスであるはずだ。それはニーズのないところへ強引に販売し、売り上げを上げていくことではない。

にもかかわらず、いらないモノまで買わせる手段の一つとして、さらに近年では、余剰人員を維持するために、消費を煽る営業手法が使われてきた。

中でも特にタチが悪いと私が感じるのは、マッチポンプ的な煽り型営業だ。これは、住宅営業の分野で特に顕著に感じる。

あなたも耳慣れているだろう「マイホーム」という言葉。この単語自体が、「我が家を持つべきですよ」と煽りたててくる。人口減少社会において世の中がこれだけ空き家問題で困っているのに、わざわざ新築を建てる理由などどこにもない。しかし、顧客に夢を見させ、気持ちを煽り、必要のない高価な新築物件を何十年ものローンで買わせる。

これは住宅業界に限った話ではない。生命保険や自動車業界も、同じような構造になっている。

「入っておかないと、いざというとき困るから」

「自動車くらいは持っていないと」

「いつかはクラウン」というフレーズも、マッチポンプ的な煽り営業の最たるものだ。消費者に対し、カローラからエントリーして、いつかはクラウンに乗れるように……。そんな夢を抱かせることで、次々と車を買い替えさせる。

このように大量に作っては顧客の購買意欲を煽り、大量に売りつける。日本にはこれが、営業の主流を占めていた時代があった。

煽り営業が通用しない時代

しかしもはや、そういった旧来型の営業パターンが通用する時代ではない。

話はそれるが、私はいわゆる高級ホテルのレジデンスを住まいにしている。こういうのも何だが、富裕層ばかりが住んでいる場所であることは間違いない。だから入居するまで駐車場には、レクサスやセンチュリーといった「いわゆる高級車」が並んでいるのだろうと思っていた。しかし実際はまったく目にしない。そこに出入りする車は、みな示し合わせたかのように、アルファードなのだ。

ここから垣間見えるのは、「他人からどう見られるか」といった見栄にはあまり興味がない現在の成熟した消費者の姿だ。

自分がいかに快適に過ごせるか。そのような実用性こそが重視されているのである。移動が目的なのだから、広くて快適なほうがいい。わざわざ3倍のお金を払って、狭い高級車を買うことはないのである。

「ちやほやされたい」「よく見られたい」という社会欲求は、今後ますます購買行動から切り離されていく。なぜならモノがあふれる時代においては、モノを所有することはステイタスでなくなると同時に、ステイタスを誇示することで承認欲求が満たされる時代は終わりつつあるからだ。

結局のところ、顧客が車に対して本質的に求めているのは、「移動する」という一点だ。ステイタスでもなければ、ライフスタイルでもない。

自動車産業のような、多くの営業マンを抱えている業種こそ、いち早く戦略を練り直す必要がある。営業マンの雇用を守るために、ノルマを課してでも高い商品を売るという手法は、もう限界に達しているということだ。

営業は「誰トク」？

これまで述べてきたように、ビジネスモデルの変化から取り残された企業において、多くの営業マンが苦境に立たされている。しかし営業マンが日本に与える影響は、それだけではない。今や営業マンのその存在自体に、疑問符が投げかけられている。

営業のフローは、潜在顧客のリスト化からはじまる。リストの中から、電話やメールでアポを取り、初回面談にこぎつける。その後、何回かのヒアリングを経て、提案・見積もり、クロージングとなるのが一般的だ。

よくある営業手法というのは、目標の受注件数を決め、そこから逆算をして、各フェーズの指標となる数値でKPI（Key Performance Indicator）を設定、営業部全体でそのKPIをこなしていくというものだ。

そんな中、いまだに多くの企業が、新規顧客獲得のファーストコンタクトを「飛び込み営業」と「テレアポ」に頼っている。しかし、そのテレアポの成功率は1%以下だ。飛び込み営業についてのデータはないものの、テレアポ以上に非効率であることは想像に難くない。

また、飛び込み営業やテレアポ担当者のメンタルに与える影響も深刻だ。これらの営業活動は精神的な負荷が非常に大きく、ほとんどの人が短期間で音《ね》を上げる。中には心が病んでしまう人さえいる。必然的に人員は使い捨てとなる。

飛び込み営業やテレアポといった営業行為については、「される側の79%、する側の74%が『無駄がある』と感じている」というデータまである。

営業する側もされる側も多くの無駄を感じている

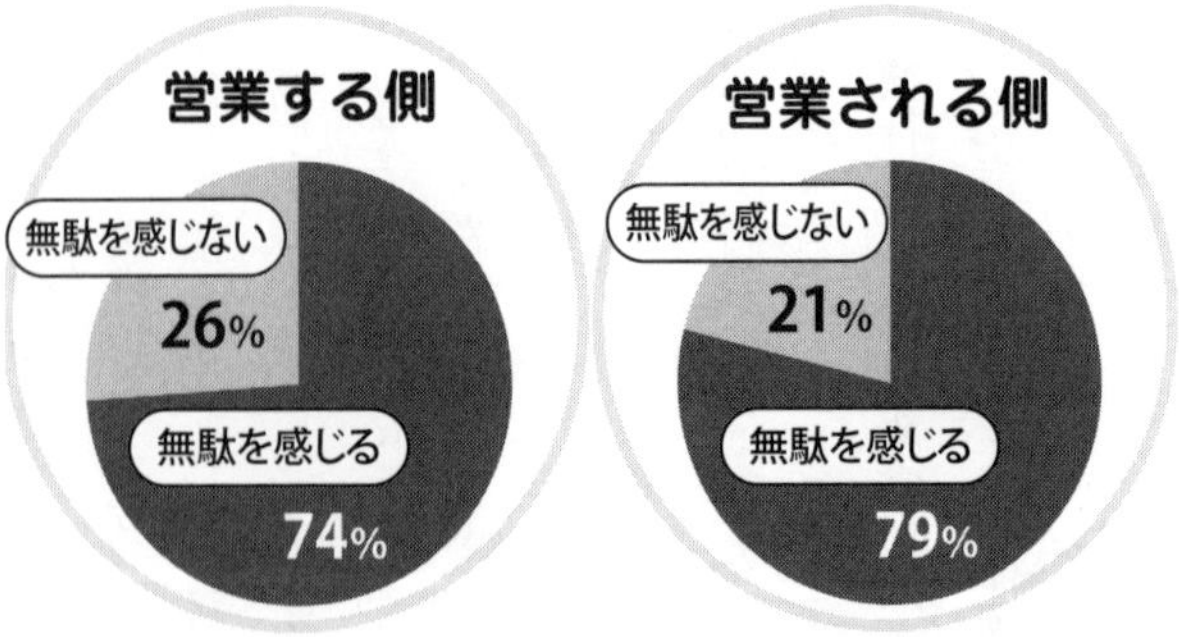

Sansan（2019年4月17日）

これらの営業マンが先の成功率1%の営業活動を行っているとしたら、損害はどのくらいになるだろうか。

日本には約330万人の営業マンがいると言われている。一人が日に50回、月に1000回コンタクトを行っているとしたら、月に33億回の営業電話が行われていることになる。テレアポの平均通話時間は約45秒。そうなると実に4125万時間が無駄になっていることになる。これに対応する人の時給を1500円と考えると、なんと618億円もの無駄が生じている計算になる。

しかもテレアポの成功率が1％なわけだから、この営業電話の99％は無駄になる。もちろん、電話は受けるほうも時間を無駄にするのだから、先の無駄は2倍。日本全体で1カ月で1236億円、1年で1・5兆円もの無駄が生まれていることになる。もちろんこれは正確な数字ではない。営業マンの中にはルートセールスだけの人もいるだろうし、高額商品と低価格商品では1件成約するまでに必要な架電本数も変わってくる。しかしこうして試算してみると、どれぐらいの規模の経済的損失が生じているのかがよくわかる。

送り手側、受け手側の両者に望まれない営業手法は廃れていく

このほかにも、スパムメールや飛び込み営業、年末年始の挨拶、担当紹介など、営業を受ける側にしてみれば、これは時間泥棒に遭っているようなものだ。

営業行為は、するほうもされるほうも双方が無駄だと感じており、精神的にもキツい。しかし企業側からすると確実に利益を拡大できるためなくならない。そして営業活動は、「1の利益」を得るために「99の不利益」をまき散らしている。

このような、送り手側にも受け手側にも求められていない営業手法が、今後、次第に排除されていくことは間違いない。

かくいう私も過剰な営業活動に、自分の貴重な時間を略奪されそうになった。

先日、中古の自動車をインターネットで購入したのだが、通常のネットショッピングのように、そのまますんなり届けてもらえると思ったら、営業マンが「実車を見にきてくれ」と言ってきた。

中古でもあるから、後でトラブルになったらいけないということなのだろうが、私には、わざわざ車を見に行く時間を取ること自体が無駄だと感じられる。

日本メーカーの自動車であれば、機能や性能はたいてい想像がつく。また、中古車であろうと、今どき、走行距離をごまかしていることもないだろうし、ネットには高画質の商品写真が何枚も上がっているから、目で見える範囲はネットで十分に見ることができる。リアルで見ても、それ以上の情報を得ることはできないくらいだ。ネットで事足りるのに、ディーラーに行って帰ってきて、半日をつぶすことほど無駄に感じることはない。

しかし営業マンは、固定観念に縛られて思考停止し、自動車という高額商品を販売するには顧客に会わなければいけないと思い込んでいる。また、問題が起きないよう念のため「会いたい」と考えている。一方、私は「会わずに済ませたい」。営業したい営業マンと、営業を必要と思わない消費者の間に、大きなズレが生じている。

これは私の身に起こった一例にすぎないが、これと同じようなことが全国で起こっていないだろうか。

事実、新しいビジネスモデルの台頭によって、営業マンは如実に頭数が減っている。

そんな「営業マン受難の時代」に日本は今、間違いなく突入している。

第2章

世界はもう「営業不要」で成功しはじめている

100万人の営業マンが消えた

営業マン受難の時代を証明するかのように、この20年の間、営業マンの数は2001年の968万人から、2018年にはついに864万人にまで減少した。これはピーク時に比べて、約100万人の営業マンが消滅したことを意味している。

営業マンが減少している原因としては、前述したインターネットの普及のほか、流通構造の革新や合理化もその要因の一つとして考えられる。

具体的には、元卸や仲卸といった複雑な卸売構造が見直されたことや、フランチャイズシステムの発達により全国にチェーン店が普及したことなどが挙げられる。

ただ気になるのは、「営業・販売事務従事者」の数が大きく伸びている点だ。この事実を最初に指摘したのは恐らく、統計データ分析家の本川裕氏であるが（プレジデントオンライン　2019年9月9日の記事参照）、調べてみればたしかにその増え幅は実に、56万人から70万人へと14万人にものぼる。

なぜ営業職全体は減っているのに、営業事務職が増えているのか。それは足で稼ぐ従来型の「外回り型営業マン」の数が減る一方、セールステックと総称される営業支

営業職（販売従事者数）の推移

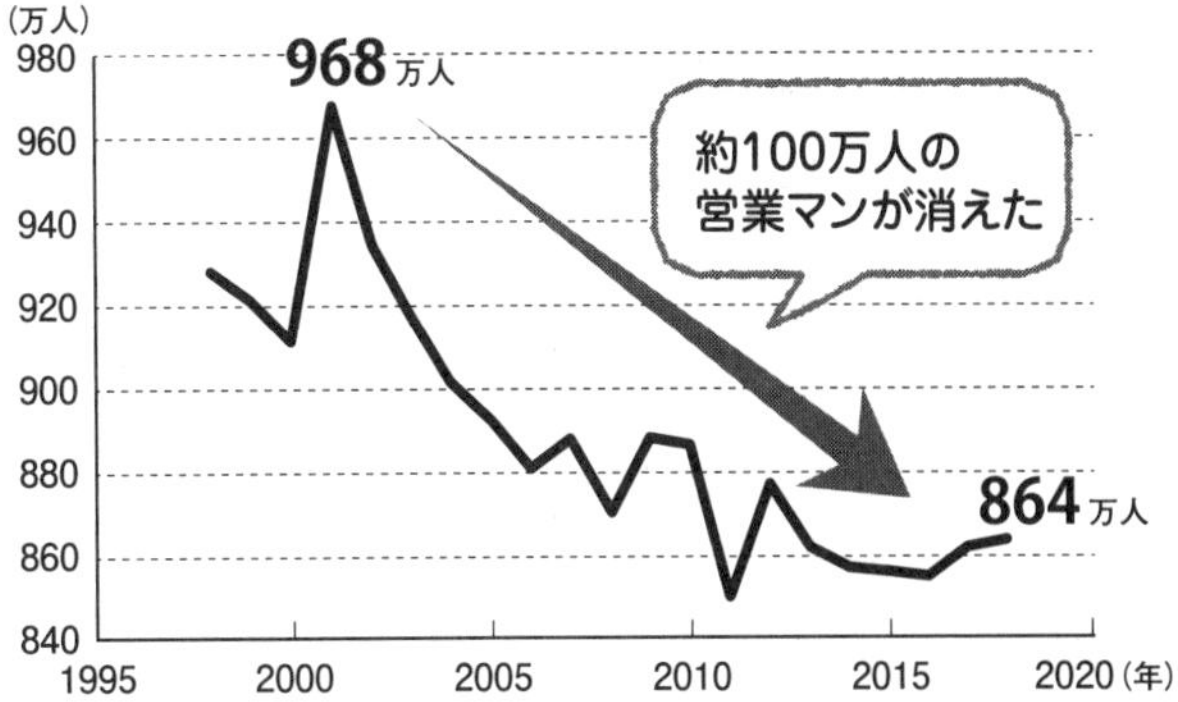

総務省統計局「労働力調査年報」
※2011 年は震災のため岩手県・宮城県・福島県を除く

増える「営業・販売事務従事者」

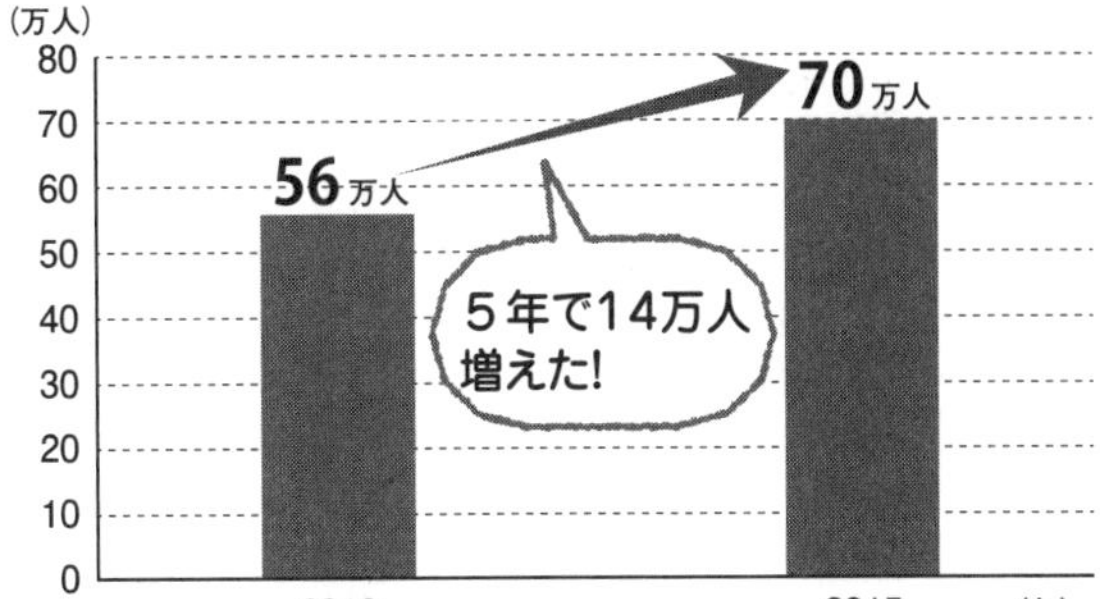

総務省統計局「国勢調査」

援ツールを駆使する「内勤型営業マン」が増えているためである（詳細は第3章で検討）。

営業マンは今、間違いなく激動の時代に突入している。

第1章でお伝えした通り、昨今の営業活動は経済的損失を生みながら、同時に頭数が減るという事態に直面している。

これは先述した通り、大勢の営業マンを抱える企業の多くが、経営戦略に失敗しているためであり、いまだに飛び込み営業やテレアポに頼らざるを得ない状況は、その企業が適切な経営戦略を生み出せていないことを如実に表している。

しかし裏を返せば、これは正しい戦略さえ生み出すことができれば、従来の非効率な営業活動を減らすことができるということでもある。

営業活動自体が少なければ、経済的損失を生むこともなくなる。また、人口が減り続け、労働力の確保が困難になりつつある現代の日本企業にとっても、営業にかかる人手が少ないに越したことはない。

そこで第2章では主に、そんな時代の「成功モデル」とも呼べる、ある企業の動きについて考察したい。企業が適切な「戦略」を採ったとき、その営業活動とはどのようなものになるのだろうか。
ただ、ここでは戦略の話に入る前に、まず「営業」という言葉の定義を明確にするところからはじめたい。

「営業」とは？

営業のプロセスは、大まかに言えば次のようなものである。

「アポ取り」↓「初回訪問」↓「提案」↓「クロージング」↓「受注」

最初に見込み客を集め、商品やサービスの情報を提供しながら見込み客の購買意欲を高める。その中から購買可能性の高い見込み客を選別し、個別にアプローチ。打ち合わせを重ねながらニーズをヒアリングし、提案の作成、価格交渉、そしてクロージングまでもっていく。
また、その後の、購入の幅を広げてもらうような顧客育成や、顧客が離れていくのを防ぐ顧客維持というのも営業の仕事となる。本書ではこのアポ取り以降のプロセスを総称して「営業」と呼ぶことにする。

一方、本書では「営業」の前段階に位置する「マーケティング」の部分は、「営業」には含めないこととする。ここで言うマーケティングとは、営業でいうところの「アポ取り」をはじめる前に行うもので、その流れはたとえば次のようなものだ。

「商品・サービスの設計」↓「価格設定」↓「露出方法・流通方法の決定」↓「ターゲットの選定」↓（アポ取り）

すなわち先に「マーケティング」があり、その後「営業」を実施するという順番だ。

「戦略」「作戦」「戦術」の違い

ではさっそく、「営業」の位置づけを整理するために、全体のプロセスを「戦略」「作戦」「戦術」という三つのフェーズに分けて考えたい。

「戦略」とは、戦いに勝つための大局的かつ長期的な計略を指すが、本来的な意味で言えば、これは文字通り「戦いを略す」（戦わずして勝つための策略）であるべきだろう。この戦略は指令本部が立てる。企業で「戦略」と言うときは、経営陣の設定する「どんなサービス・商品を提供するか、どんな会社にするか？」といった、進むべき方向性を表す。

次に「作戦」とは、文字通り「戦いを作る」ことを意味する。先の戦略で言えば「進むべき方向性に沿って、いかに戦わずして勝つか」の策を考えることだ。これは現場の指揮官が立てるもので、企業で言えば、「マーケティング」に相当する。

最後の「戦術」とは、作戦を実現させるための手段であり、成果を上げるための具体的な方法論である。これは現場で戦う兵士が実行に移すもので、企業で言えばここを「営業」が担当する。これは「どんな方法・手段で営業を仕掛けていくか」を考えるということであるが、そもそもの戦略が正しければ戦わずして勝てるので、営業はいらないということになる。

本章では、この「戦わずして勝つ」ための適切な「戦略」を用いることで、営業ゼロでモノを売る仕組みの構築に成功しつつある、とある欧米のベンチャー企業の動向を解説したいと思う。

そこには営業マン不在の未来が存在している。

新たなビジネスモデルでGMに勝った会社

創業からたった13年の2017年、アメリカの自動車産業界で長らく首位に立ち続けたGMを抜き、時価総額で全米1位、全世界的には6位に躍り出た企業がある。「テスラ・モーターズ」社だ。

この企業はイーロン・マスク氏によって設立された、電気自動車専門のベンチャー企業である。

テスラ社の時価総額は年により多少の上下はあるものの、2017年の時点ですでに日本の日産より上位にある。

車の販売開始が2008年。それから10年後の2018年、テスラ社は全世界で24万5240台の車を販売した。わずか10年でここまでの躍進である。

自動車会社時価総額トップ10

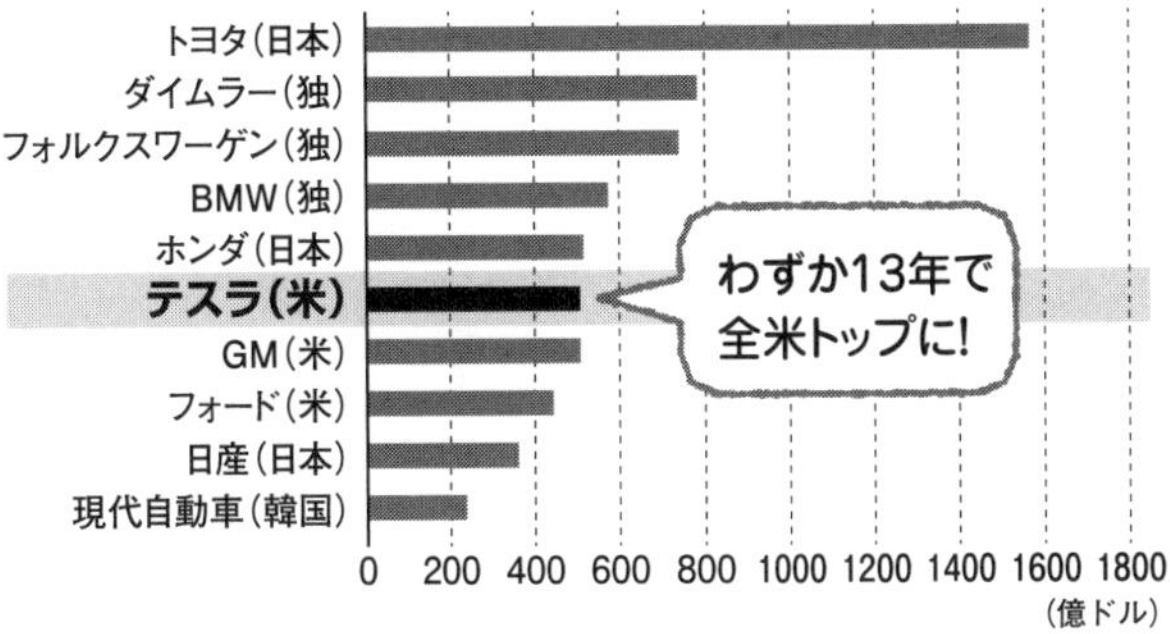

ZUU online(2017年4月11日)
※2017年4月10日現在

多くの人がそんなテスラ社を、「エネルギー効率がよく、CO_2排出のない、環境にやさしい自動運転の電気自動車を提供している会社」であると思っているだろう。

たしかにテスラ社はそういった聞き心地のいい〝いまどき〟の顧客満足を提供する、コアなファンを獲得した企業であることに違いはない。

ただ、テスラ社が並み居る自動車会社の中で突出しているのは、その「戦略」の独自性にある。もっと言えばテスラ社は、まったく新しい経営形態を実現した企業なのである。

多くの営業マンを抱えてきた自動車業界にあって、優れた戦略を持つことで、テスラ社は「戦わずして勝つ経営」を実現した究極のベンチャー企業なのだ。

「戦略」がないと「戦術」で苦戦する

時代に合った戦略を持たない企業は、苦しい撤退戦に追い込まれていく。実はトヨタですらそんな状況に陥りかねない状況にある。

「戦略」自体が大きく傾いてしまっているのが、いまだに多くの営業マンを抱える日本の自動車業界だ。

日本の自動車業界全体で言えば利益は上がっている。しかし、今、日本国内のみの自動車販売台数を見ると、頭打ち感が否めない。

次の図を見ればわかる通り、国内の自動車販売台数は近年、下降線をたどっている。

この100年で最大規模に成長した自動車産業ではあるが、日本の場合、今後の見通しが明るいと感じている人は多くないだろう。

最近では、モノに対する消費活動に陰りが見えはじめ、「シェアリングエコノミー」

減り続ける「四輪車国内需要台数」

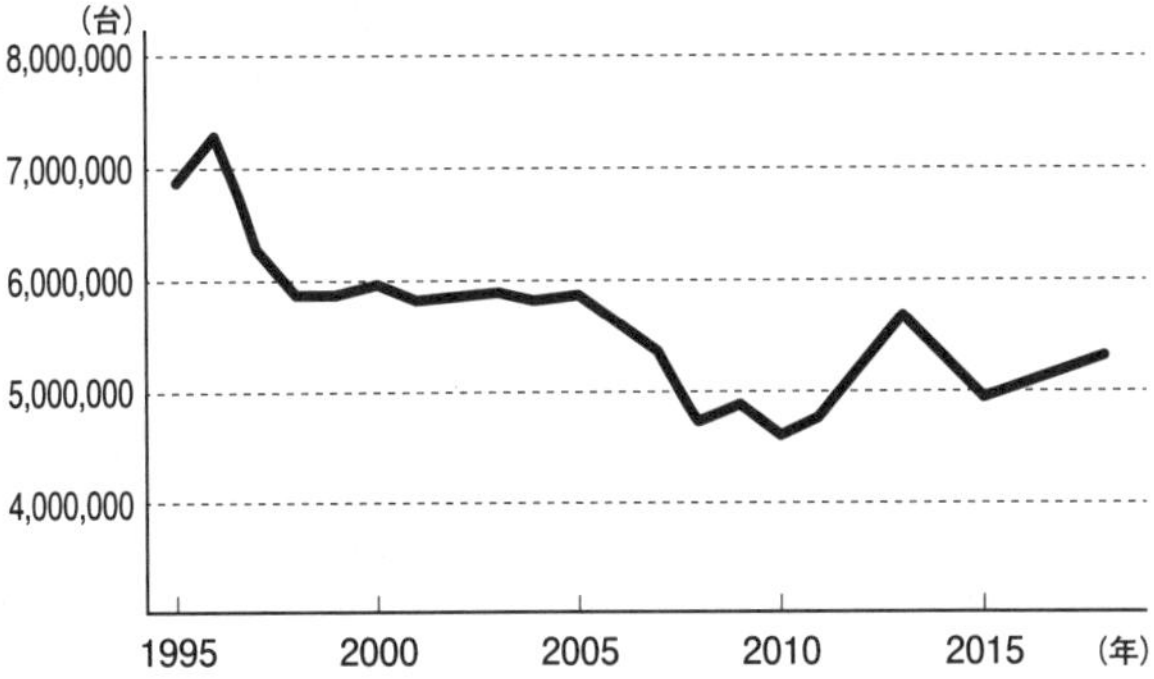

一般社団法人日本自動車工業会「四輪車国内需要台数推移」
※乗用車、トラック、バスの合計

が浸透しつつある。その結果、カーシェアリングやＵｂｅｒのようなライドシェア企業が次々と登場したり、電車やバス、飛行機、タクシーといった公共交通手段と、シェアサイクルやライドシェア等をＩＴで結び付け、最も効率的に移動できるプランを提供する「ＭａａＳ」(Mobility as a Service) のようなシステムも実用化されはじめた。

もはや、「一家に1台、地方では一人1台自動車を持つ」といった時代は、終焉を迎えようとしている。これが現在の日本の自動車産業を取り巻く環境だ。今までのような「性能のいい自動車を安定的に供給」するという旧来型の「戦略」を採り続けている会社は、早晩立ち行かなくなるということだ。

トヨタの焦り

そんな日本の自動車業界の戦略上の苦悩が垣間見えるような、トヨタ自動車の会見がある。それは、純利益については日本企業として初の2兆円の大台を超えた2014年の決算発表の場でのことだ。

その年のトヨタの業績は、営業利益が前年度比20・0％増の2兆7505億円、純利益は19・2％増の2兆1733億円と、ともに過去最高で、決して悪い数字ではなかった。

にもかかわらず、豊田章男社長の発言には、高い収益に対する言及はほとんど見られなかった。そのかわりに出てきた言葉は次のようなものだった。

「今年は、トヨタが持続的成長に向けた歩みを着実に踏み出すのか、それとも、これまで積み重ねてきた努力にもかかわらず元に戻るのか、大きな分岐点になる」

この言葉からにじみ出ているのは、トヨタでさえも足元では「戦略転換」の真っ只中にあるということだ。トヨタをもってしても、「正しい戦略」なくして永続的成長は不可能なのである。

第1章でお伝えした通り、大量生産型の企業にとって、生産量は増やすというのが生命線である。生産量を増やすことで製造コストを下げ、利益を確保し、さらに企業規模を拡大してきたからだ。

そんな大量生産型の日本企業の多くが採っていた戦略の一つが、次のような単純な「足し算型の戦略」だった。

・機種の数を増やす
・機能を積み増す

日本の大規模メーカーの中には、この「足し算型の戦略」を採ってきた企業が多い。日本は自動車業界のみならず、家電業界もこれが顕著だ。

一方、米国のApple社の商品は、iPhone、Mac、Apple Watch、iPad、Apple TVくらいしかない。それにひきかえSONYの製品は、テレビだけで何種類もあり、オーディオ、デジカメ、パソコン、タブレット、それらの周辺機器まで合わせれば、知らない製品のほうがはるかに多い。

これが「機種の数を増やす」という戦略の結果だ。

ほかにも日本企業の多くが「単純に既存の機能を積み増していく」戦略を多用してきたことは、テレビのリモコンを見れば一目瞭然である。

チャンネルボタンのほかに、地デジ、BS、CS、青赤緑黄、番組説明や字幕、チャプター書込、連動データなど、使ったことのないボタンが数多く並んでいる。まるで無駄の塊のようなこの「多機能型」テレビリモコンは、それこそ「足し算型の戦略」の結晶である。

ちなみに私はApple TVを使っているが、リモコンのボタンはチャンネルも合わせて6個しかない。それでもまったく問題ないどころか、存分に楽しむことができる。

高機能なのにボタンだらけで使い勝手の悪いリモコンと、シンプルな機能ですっきりしたデザインの使いやすいリモコン。

このギャップは、ユーザーの真のニーズを嗅ぎ取ってきたか、それとも、ただただ技術を積み増していっただけか、その戦略の違いで生じたものである。

事実、本章でこれから詳しくお話しするテスラ社も、提供している車種を極限まで絞り込んでいることで有名だ。

2020年1月現在、テスラ社には、（予約を合わせて）たった6種類の車しかない。一方、テスラ社と企業規模が近い日産自動車は、型遅れの車種まで含めれば50種類を超える。

にもかかわらず、すでに日産が時価総額でテスラ社に抜かれる事態にあることは前述の通りである。同時に、長らく「大量生産・大量消費」の戦略を採り続けてきた日本の大規模メーカーが、軒並み苦境に追いやられているのはみなさんご存じの通りだろう。

同じ戦略を長らく採り続けていれば、当然、それは時代遅れになっていく。川上の戦略が時流に合っていなければ、そのしわ寄せは川下に集まってしまう。

現在の日本では、多くの企業が、そして、そこに属する多くの営業マンが、トップの生み出す戦略の不在によって、川下での総力戦を余儀なくされている。これが今、日本が置かれている営業の現実だ。

「エクスペリエンス思考」で戦略を組み立てる

では、今の時代に必要な戦略とは何か。

長らく日本では、「プロダクトアウト型」で戦略を立てるべきか、「マーケットイン型」で戦略を立てるべきかの論争が続いてきた。

「プロダクトアウト型」とは、作り手が作りたいもの、作ることができるものを優先して製品やサービスを生み出す発想法のことである。一方「マーケットイン型」は、顧客の意見やニーズを取り入れる形で製品やサービスを生み出す発想法だ。

果たして、プロダクトアウト型とマーケットイン型のどちらが正しいのだろうか。

私は、プロダクトアウトもマーケットインも、どちらも重要な視点だと考えている。

いや、プロダクトアウトかマーケットインか、といった二元論ではなく、その二つをうまくつなぐ思考法が必要だと考えているのだ。

その思考法とは「エクスペリエンス優先型の発想法」である。

エクスペリエンス、すなわちユーザーが得られる「体験」や「感動」を想像しながら製品やサービスの開発に当たるのが「エクスペリエンス優先型の発想法」だ。

この「エクスペリエンス」をわかりやすく説明するには、スターバックスを世界最大のコーヒーショップチェーンにまで導いた、元CEOハワード・シュルツ氏の逸話を紹介するのが早いだろう。

シュルツ氏の考え方が旧来の喫茶店経営者と違ったのは、「スターバックスを訪れたお客さまに、どういう体験を提供したいか?」から逆算して、店作りを考えたという点である。

普通、カフェをオープンしようと思ったら、「美味しいコーヒーを提供する」か「雰囲気のいいお洒落な内装にする」か、あるいは「それをなるべく低価格で提供する」かといった方法論ばかりが先に立つ。

しかしシュルツ氏は、「スターバックスを〝サードプレイス（第三の居場所）〟にする」というコンセプトを掲げることで、まったく新しい店作りに成功した。

より具体的に言えば、シュルツ氏はスターバックスを、ただ「コーヒーを提供する店」ではなく、「お客さまにとっての、家や会社（や学校）とはまた違う、心地よく過ごしてもらう第三の居場所を体験する場」と再定義したのである。

このような戦略の定義付けができたからこそ、シュルツ氏は「どんなコーヒーを出すか？」「どんな内装にするか？」「どんな接客にするか？」といった戦術のすべてを、「お客さまの感動体験」を第一に据えて生み出すことができたのだ。

そこから逆算していけば、正しい答えは自ずと導き出される。正しい問いを立てれば、正しい答えが得られるというわけだ。

その結果が、世界最大のコーヒーチェーンという、大きな成果につながった。このスターバックスのエクスペリエンス優先型戦略を象徴するような、シュルツ氏の次の言葉は、いまだ広く語り継がれている。

「スターバックスはコーヒーを売っているのではない。体験を売っているのだ」

すなわち先に述べた、「エクスペリエンス優先型の発想法」とは、スターバックスのように「どんな感動体験を顧客に経験してほしいか？」を第一に据えて、商品やサービスの開発に当たる思考法のことである。これはプロダクトアウトでも、マーケットインでもない。

シュルツ氏の言葉同様に、Ａｐｐｌｅ創設者の一人であるスティーブ・ジョブズ氏が語った、次の言葉もまた有名である。

「消費者に何がほしいかを聞いて、それを与えるだけではいけない」

「製品をデザインするのはとても難しい。多くの場合、人は形にして見せられるまで、自分は何がほしいのかわからないものだ」

こう見ると一見、ジョブズ氏はプロダクトアウト派の経営者に見える。

しかし真実は違う。

ジョブズ氏は、「顧客がどんな商品をほしがっているか？」を考えるのではなく、「どんな製品だったら顧客は圧倒的に感動するだろうか？」といった視点に立って、製品の開発を進めていたのである。

Ａｐｐｌｅが「エクスペリエンス戦略」を採っていることを証明するかのように、Ａｐｐｌｅの現ＣＥＯティム・クック氏は、ジョブズ氏の言葉を借りながら、次のように述べている。

「我々のテクノロジーは、素晴らしくなければならない、あるいは彼の言葉を借りれば『とてつもなく素晴らしく』なければならない。なぜならば、これこそが未来をコントロールし、品質やユーザーエクスペリエンスをコントロールできる唯一の方法だからだ」（「iPhone Mania」２０１７年6月16日より）

このように戦略を誤らず魅力的な商品を作れば、地を這うような営業は不要になるとともに、営業などしなくても多くの人に愛されるようになるということだ。

「テスラ・モーターズ社」の戦略

寄り道が長くなったが、競争の激しい自動車業界の中で、この「エクスペリエンス戦略」を採り急成長を遂げているのが、テスラ・モーターズ社である。

テスラ・モーターズの創業者、イーロン・マスク氏についてはご存じの方も多いだろう。アメリカの起業家で、今やＡｐｐｌｅのスティーブ・ジョブズ氏と並び称される存在だ。

マスク氏は28歳でＰａｙＰａｌ（ペイパル）というネット決済システムを作った。ペイパルとはクレジットカードや銀行口座の情報をその都度やり取りせずに決済できる画期的なサービスである。ペイパルの利用アカウントは世界で約2億２０００万あり、今ではフィンテックの草分けとして高く評価されている。

２００2年、マスク氏はこのペイパルをアメリカの大手ＥＣサイト、ｅＢａｙに売却した。彼はこれにより1億６５００万ドル相当のｅＢａｙ株を手に入れ、これを元手に、さまざまな野望の実現へと乗り出した。彼の野望が現実化したものの中で最も代表的かつ最も実用化が進んでいるのが、この電気自動車のテスラ社だ。

マスク氏は２００3年の会社設立から一貫して電気自動車の開発を続け、２００８年に最初の車、ロードスターをおよそ１０００万円で発売した。以降、複数の車種の開発を経て、２０１6年、「モデル３」という普及価格帯モデルの発売にまでこぎ着けた。モデル３は最も低価格なモデルで５００万円程度。１回の充電で４０９キロ走るという。これによってテスラ社の電気自動車は、一般的なサラリーマンにとっても、車を買う際の選択肢の一つとなった。

テスラ社が他の追随を許さない確固たるポジションを築いているのは、次の二つの機能を持っているからだ。

- 永遠に進化し続けるソフトウェア
- 他の追随を許さないビッグデータの蓄積

テスラ社のすべての電気自動車には、ソフトウェアが搭載されている。

これは、みなさんお持ちのスマホアプリのシステムに似たものである。あなたのスマホにダウンロードされているさまざまなアプリも、数カ月に一度といった頻度でアップデートされ、どんどん使いやすくなっているだろう。テスラ社は、それと同じことを自動車でも実現しているのだ。

この戦略によってテスラ社の車は、旧型のモデルであっても、常に最新のシステムを使うことができるようになっている。直近のアップデートではこれまで機能として有していなかった、駐車場や私道において車から200フィート（約61メートル）以内にいる場合に、スマートフォンのアプリ操作によって、自動運転で車を呼び寄せられる機能が追加された。

この機能が作動しているところを見れば、誰もが近い将来、運転手が完全に不要になる未来がくることを確信するだろう。これは未来を垣間見ているような、そんな圧倒的な感動体験をもたらしてくれる。

このように、車の購入後に追加された新しい機能や不具合の改善なども、常時ユーザーが車の中でアプリを直接ダウンロードすれば、最新のソフトウェアが手に入る。つまりテスラ社の車を買えば、購入者は今後、より進化した機能を使える可能性が期待できるとともに、不具合の案内やメンテナンス情報も、車で直接テスラ社と通信すれば済む形になっている。

ビッグデータの蓄積戦略

また、このソフトウェアはＷｅｂにつながっているため、テスラ社の車のすべての「運転状況・運行状況」がデータとして蓄積されるというのも、所有者にとっての大きな魅力だ。

これは、Ｇｏｏｇｌｅマップのナビシステムに似た仕組みである。Ｇｏｏｇｌｅマップでルート検索をすると、目的地までのルートと到着時間が表示される。これは旧来のカーナビのシステムより精度が高く、到着時間の誤差は数％ほどである。

また、その時々の注意を要する交通状況や右左折の位置、車線情報なども音声で案内される。

Ｇｏｏｇｌｅマップは無料のスマホアプリだが、この性能がすでに高価なカーナビのそれを超えている。なぜ無料のスマホアプリが、有料のカーナビよりも精度の高い情報を提供できるのか。それは、Ｇｏｏｇｌｅマップが、ビッグデータを存分に活用しているからにほかならない。

Ｇｏｏｇｌｅマップの利用者数は、日本国内だけでも約４０００万人いると言われている。利用者がGPSの機能を使うことで、Googleは利用者の位置情報・運行状況を受け取っている。この情報によってどの場所でどのくらいの時間を要したかをリアルタイムで算出し、その時々に応じた最適ルートとその所要時間を利用者に即時に表示する。これがGoogleマップの仕組みだ。

スマホ所有率の高い20〜69歳の日本の人口は約8000万人。そのうち、Googleマップの日本国内での利用者数が約4000万人ということは、スマホ所有者の半数にあたる人間のリアルな移動状況を、Googleが把握している計算になる。

普通のカーナビシステムがどれだけ頑張ってルート計算したところで、膨大なユーザーの移動情報に関するビッグデータを有するGoogleマップに追いつくことはとてもできない。

テスラ社の自動車は、このGoogleマップに加え、実は車自体にもビッグデータを収集する機能が搭載されている。周囲の状況を感知するセンサーや超音波センサー、前方のカメラやレーダーユニットなどの情報を解析することで、テスラ社の車が実際に道路でどのように走行しているのかを把握できるというわけだ。

これによってテスラ社の車は単なる道路の交通状況だけでなく、利用者の車の運行状況に関するすべてのデータを受け取れる。

こうしたデータは、蓄積すればするほど利用価値が上がり、精度も上がっていく。そしてテスラ社はこれらデータの蓄積を元に、長年自動運転ソフトウェアの開発を続けているのだ。

創業からすでに17年を迎えたテスラ社は、もはや他の自動車会社が追いつけないほどの情報をストックし、これからもそれを続けていく。この高度なユーザーデータの蓄積によってテスラ社は、圧倒的なエクスペリエンスを提供する自動車業界のプラットフォーマーとなり得るのだ。

市場というのは常に進化し、成熟していく。最初は高い付加価値として受け入れられていたものが、どんどん当たり前になっていく。そうなるともう、製品やサービスの提供側としては、戦う手立てが価格しかなくなってしまう。

かつては高かった付加価値がコモディティ化すると、どれもこれも似たり寄ったりになり、ほかとの違いを容易には訴えなくなってしまう。このような状態に陥った商品やサービスを売らなければならないとき、営業マンの側に大きなしわ寄せが生じる。

そんな付加価値の陳腐化と無縁でいさせてくれるのが、この「エクスペリエンス戦略」だ。

スーパー営業マンはいらない

最高の「エクスペリエンス」を提供できる会社が行き着く先は、「営業をする必要すらない世界」である。

思えばテスラ社が属する自動車産業の世界は、保険や証券と並ぶ、「伝説の営業マン」が誕生するような業界である。

自動車業界の中でも有名なのが、シボレーの営業マンだったジョー・ジラード氏だろう。彼は15年間で1万3001台の車を売り、世界一の営業マンとしてギネスブックにも登録されている。ジラード氏に関する本はたくさん出版されているので、彼の営業手法に学ぶ営業マンも多いだろう。

ジラード氏が最も大事にしていた営業ツールが、自分の顔写真入りの特注名刺だ。

彼はこの名刺を週に500枚配ることを自分に課し、ときにはフットボールの試合で、名刺を紙吹雪のようにばら撒くこともあったという。

また、顧客に手紙を出すという手法も駆使していた。彼は自分の顧客リストにいるすべての人に毎月手紙を出していた。新年のあいさつ、バレンタインデー、誕生日などさまざまなきっかけを利用して、数千とも1万とも言われるリストにあるすべての顧客に、毎月手紙を出していたのだ。彼はインタビューでこう言っている。

「自分が気に入ったセールスマンと、納得できる価格。この二つが一緒になれば、誰でも車を買いますよ」

こうして彼は顧客に好意を持ってもらうことで、世界一の営業マンになった。彼独自の営業手法は正解だったかもしれない。しかし戦術としてはどうだろう。

彼は15年間、毎週500枚の名刺を配り、毎月、膨大な数の顧客に手紙を書き続けた。当然、商談などほかの業務もある。その業務量はいかばかりだったか想像を絶する。この戦術を自分に課す分にはいいが、これを誰かに強いるとしたら、かんぽ問題やスルガ銀行のようなことが起こっても不思議はない。

ジラード氏はたしかに伝説の営業マンであり、シボレーに多くの利益をもたらした。

しかし、テスラ社に彼は必要ない。優れた戦略さえあれば、スーパー営業マンなどいらないからだ。

そして時代はもはや、そんなスーパー営業マンの力に頼って会社の売り上げを保つ、そんな時代ではない。

営業マンが消えた

テスラ社は自動車メーカーではあるが、通常の自動車メーカーとは大きな違いがある。ディーラーを持たないのだ。

テスラ社はディーラーを通さず、自社が運営する直営の販売会社を通した直販体制を採っている。

ディーラーとは車の販売とアフターサービスを専門的にする会社で、たいていの自動車メーカーにはそれぞれ系列のディーラーがある。ディーラーとメーカーは別の会社で、自動車メーカーは、「ディーラーに車を売ることで利益を上げている会社」とも言える。

各社がディーラーと組むには理由がある。自動車業界は車を販売するためにはディーラーによるセールス活動、つまり営業が必要だと考えている。「ディーラーによる営業があるからこそ車が売れる」。そう思い込んでいるため、ディーラーの営業マンたちも競い合うように営業技術を磨く。

高級車のディーラーに至っては、顧客に対して過剰なまでの対応をする。いい香りのする落ち着いた雰囲気の店内。ゆったりとしたソファーで、飲物などのサービスをしながら、懇切丁寧な説明を行い、試乗もさせる。納車の際には〝納車式〟なるものを催すディーラーさえある。

実はこのディーラーシステムは、メーカーにとってもメリットが多い。メーカーが作った車はタイムロスなくディーラーが買い取ってくれるからだ。それによってメーカーはすぐに資金の回収ができ、在庫を抱えることがない。

だが消費者にとってはどうだろう。メーカーと消費者の間にディーラーが入るということは中間マージンを取られることを意味する。つまり、それだけ車の価格が上がるということだ。またメーカーは販売促進のため、ディーラーに販売奨励金を支払うことが多い。それもメーカーの経費であり、車の価格に反映されている。

それを嫌ったテスラ社のイーロン・マスク氏は、ディーラーを通さず原則直営店のみで販売する直販システムを採用してきた。

マスク氏が自動車の低価格化を図るための徹底したコスト削減策は、実はこれだけではない。2019年3月1日の各種報道によれば、マスク氏は直営販売店さえも一部の店舗を除いて廃止し、インターネット販売に全面的にシフトすることを発表した。

テスラ社の新車は今後、テスラ社のホームページ上でのみ買える形にするというのだ。実際、2019年11月に発売された「サイバートラック」はネットで注文を受け付けたが、私の周りでも何人かがネットで直接購入していた。マスク氏のTwitterによると、予約注文は発売3日で20万台に到達したという。

テスラ社の狙いは、インターネットでの直販への移行により中間マージンをカットし、そのコスト削減分をもって、さらに車の販売価格を下げることにある。

マスク氏によると「車を買いやすい価格で提供するためには、小売部門の社員数を減らす以上の策はない」という。マスク氏は、本気でテスラ社の車をより大衆にまで届けようとしているのだ。

ここで重要なのは、テスラ社は車の販売会社でありながら「営業マンを必要としない会社になる」ということだ。なぜテスラ社にはこれが可能なのか。その答えは、これまで本章で述べてきたテスラ社の「エクスペリエンス戦略」にある。

テスラ社はこれまで顧客に与えてきた「圧倒的な感動体験」を通して、熱心なファンを生み出してきた。そしてこのファンにとってはもはや、テスラ社の車をセールスされる必要がまったくないのである。

テスラ社の感動体験を経験した顧客は、押し売りされずとも、自らテスラ社の製品情報を取りにいく。そしてこの顧客が口コミを拡散する。だから彼らに営業など不要なのだ。

広告すら不要の世界

テスラ社の行っているエクスペリエンス戦略が、圧倒的に功を奏している証拠たる報道が、2019年5月8日の「フォーブスジャパン」の報道においてなされた。

報道によればなんとテスラ社は、SNSに広告費をまったくかけていないというのだ。一方、トヨタやBMW、ポルシェやフォードなどは、莫大な金額をSNS広告に支払っている。

テスラ社のニュースをよくSNS上で見かけると思うが、そのすべてはテスラ社が広告を使わず独自に配信しているものである。

しかも1カ月の調査期間中にテスラ社が得たSNS上の反応は、実に200万件以上。この効果は、他の自動車メーカーが有料で実施した広告キャンペーンを超える数字になっている。つまりテスラ社は、他社が有料で行っている広告の効果を、無料の施策によって超えたのだ。

これは正しいエクスペリエンス戦略を採る会社には、これが可能であるということの証左であり、マスク氏自身のTwitterのフォロワー数は、彼がそれまで顧客に与え続けた「感動体験」を生み出す生き様によって、2938万人にものぼる膨大なものになっている（2019年11月時点）。

２０１９年3月12日、「ＣＮＥＴ Ｊａｐａｎ」の報道で、テスラ社が店舗閉鎖の計画を一部撤回したというニュースも流れたが、同時にテスラ社は「世界中のすべての販売は今後もオンラインで行われるということを明確にしておきたい」と発表している。マスク氏の全面オンライン販売化への意欲は、決して消えていないのだ。

テスラ社が、まったく営業マンを必要としない会社になるのは、そう遠くない未来の話だろう。

真のニーズを掘り起こして急成長を遂げたバルミューダ

長らくアメリカ企業の話ばかりしてきたが、実は日本企業の中にも、この「エクスペリエンス戦略」によって過大な営業なしに商品が大ヒットし、急成長を遂げた企業がある。家電ベンチャー企業の「バルミューダ」だ。

バルミューダは今でこそ、蒸気を使ってパンをふっくらと焼き上げる高級トースター「BALMUDA The Toaster」などが有名であるが、最初のヒット商品は3万円もする高級扇風機「グリーンファン」だった。当時からバルミューダが最重視していたのも、ユーザーエクスペリエンスであった。

2017年10月19日放送の「カンブリア宮殿」によれば、このまったく新しい扇風機を開発するきっかけになったのは、「子どもの頃、自転車で走っているときに体に当たる風が気持ちよかった」という体験を、同社の社長である寺尾玄氏が思い出したことにあったという。

これによって生まれたのが、「自然界にあるやさしい風を再現する」まったく新しい扇風機「グリーンファン」だった。

グリーンファンは、ただ単に扇風機の機能を向上させるという単純な足し算型の思考ではなく、「人は扇風機にただ単に涼しい風を求めているわけじゃない。人々は、扇風機の風に心地よさを求めているのだ」といった、正に「エクスペリエンス思考」の上に立って開発された製品だった。

そういった思考にのっとり、「扇風機から自然界のやさしい風を感じられる」という感動体験を実際に生み出した結果、グリーンファンは累計30万台を超える大ヒット商品となった。

バルミューダには、このグリーンファンのヒット当時、ほとんど営業マンがいなかった（そもそも同社には、当時社長を合わせ3人の社員しかいなかった）。

バルミューダの企業説明文にはこうある。「バルミューダは家電という道具を通して、心躍るような、素晴らしい体験を皆様にお届けしたいと考えている企業です」。

その後バルミューダは、「最高の香りと食感を実現する感動のトースター」を謳う「BALMUDA The Toaster」がさらなるヒット商品となり、多くの人にその存在を認知されることになる。みなさんもSNS上で一度は、バルミューダの製品を目にしたことがあるだろう。

今はSNS隆盛の時代であり、情報流通のコストは限りなくゼロに近い。ある一人の人間が、ある商品から得た感動的なエクスペリエンスは、あっという間に世界で共有される。これがエクスペリエンス戦略が現代の戦略としてフィットする一つの理由でもある。実は、筆者もまんまとバルミューダの戦略にはまり、加湿器を購入、SNS投稿をしてしまった。

同社の加湿器「Ｒａｉｎ」は、加湿器の一番の難点である「毎日の給水が必要」という「後ろ向きな作業」を、給水することが楽しくなる「前向きな体験」にシフトさせている。

通常の加湿器は、特殊な貯水タンクを本体から外し、水を滴らせながら運んだ後、フタを開けて水を入れ、フタを締めて加湿器にセットするという作業が必要となる。しかし、同社の加湿器は、ヤカンなどに水を入れて、加湿器の上から注ぐだけで、何かを外したり付けたり、開けたり締めたりという作業が不要なのだ。

そして、それ以上に給水を楽しくさせているのが注ぎ口の形状だ。大きなガラス球のようなものに水を注ぐデザインになっており、水の流れを気持ちよく感じることができるのだ。蓮の葉の上に水滴が流れ落ちるロータス効果が見える心地よさを感じるとともに、植木鉢に水をやって何かを育てているような錯覚にもおちいる。この利便性とさりげない快感は、体験したら誰かに言いたくなるだろう。

つまり国民総メディア化の時代においては、ユーザーのエクスペリエンスを追求した商品を形にできれば、自分のメディアを持つ顧客が勝手に宣伝することで無駄な営業は必要なくなるということだ。同社の今日の成功は、正しい戦略があれば、営業自体が必要なくなることを、見事なまでに体現している。

このように今後は、さまざまな業界において、エクスペリエンス戦略を駆使することで、営業などすることなく業績を上げる企業が増えるはずだ。テスラ社やバルミューダのような適切な戦略があれば、営業という戦い（戦術）を減らせるのは間違いない。

もし今、営業マンであるあなたの業務に無理が生じているなら、それは川上の戦略が間違っている可能性がある。もしかしたらあなたは必要のない戦いを強いられているのかもしれない。

第3章

テクノロジーが営業を殺す

テクノロジーが営業という概念を消す

第2章では、最先端の戦略を採っているテスラ・モーターズが、すでに営業マンを必要としない世界を生み出しつつあるという話をした。

ただ10年後には、テスラ社ほどの最先端企業でなくとも、営業がなくなっていると私は確信している。それは単に営業職の人がいなくなるということではなく、「営業という概念」自体がなくなることを意図している。

その兆候は、BtoCのみならずBtoB分野においても見られ、実際、アメリカでは事業コンサルティングと市場調査を手掛けるフォレスター・リサーチ社が、2015年の段階ですでに「BtoBセールスマンの死」と題した報告書を出している。

その報告書では、「アメリカのBtoB営業担当者450万人のうち、100万人が5年間で仕事を失うだろう」という衝撃的な予測が発表された。BtoB営業マンの実に22％が職を失うという、大変ショッキングなレポートである。

このレポートを詳細に見ると、BtoB営業マンの中でも特に減少が著しいのは、受注を中心とした営業職で、「160万人から100万人へ33％が減少するだろう」と

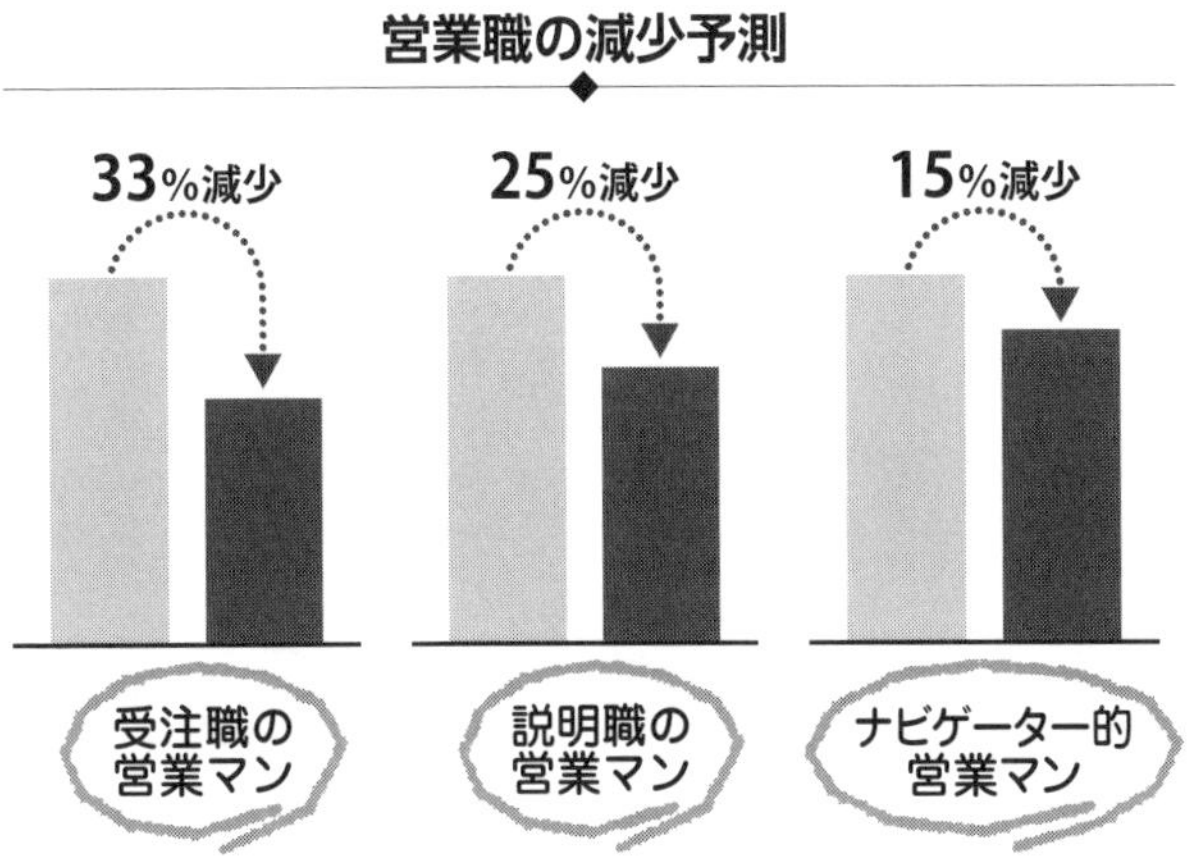

フォレスター・リサーチ社（2015）

記されている。また、商品説明を行う営業職は25％、顧客と個人的な関係を構築して必要な商品をナビゲートする営業職は15％が減少するという予測が立てられている。

ちなみにこの報告書のアンケートによると、購買担当者の約75％が「営業担当者から買うより、Ｗｅｂサイトで買うほうが便利」と回答しており、「すでに買うものが決まっているときはネットで購入したい」という回答が93％を占めた。

これはＢtoＢの営業活動においても、その多くがインターネットを通しての購買に代替されていくであろうことを示唆している。

一方、この報告書には、「コンサルタント的営業マンは、逆に10％程度増加するだろう」とも書かれている。コンサルタント的営業マンとは、販売商品を深く理解した上で顧客のニーズに沿ってわかりやすく説明し、ときには顧客の社内承認プロセスや予算作成までをも手伝いながら購買へと導く、アドバイザーのような存在を指す。

ただ2015年時点のテクノロジー予想では、増加すると考えられていたこのコンサルタント的営業マンも、テクノロジーが進化した現時点においては消滅していくと私は考えている。本章では、この現実について考えていきたいと思う。

BtoCで起こった現象はBtoBでも起こる

本書の「はじめに」では、三河屋のサブちゃんに代表される「BtoC型小売店販売員」の仕事の大部分が、Amazonをはじめとしたテクノロジーに代替されるという話をした。実はこの話、BtoCに限ったことではない。

BtoC型小売店で起こった現象は、すでに日本のBtoBの世界でもはじまっている。

先のフォレスター・リサーチ社の報告書でその減少が真っ先に危ぶまれた通り、日本でも最も早くテクノロジーへの置き換えが起こったのが、BtoB分野の受注を中心とした営業マンの仕事だ。中でも「御用聞き的立ち位置にいる営業マン」「ルート営業的セールスマン」から順に、テクノロジーへの代替がはじまった。

このような変化が日本で最初に表れたのは、間接材の分野であった。この分野においては「間接材のAmazon」とも呼ぶべき企業が存在している。CMでもおなじみ「モノタロウ」だ。

間接材とはある商品を作るために、原料である直接材以外に必要なもののすべてを指す。たとえば「目玉焼き」という商品を作るなら直接材は卵だけで、フライパン、ガスコンロ、ガス、フライ返し、皿など、卵以外に必要なものは、すべて間接材になる。間接材はあらゆる業種において存在する。その数も種類も多く、必要になる頻度も高いのだが、買い揃えるのに大きな手間が掛かる。

たいていの事業者は、商品知識のある卸業者から一括して安く購入するが、中小企業では大口購入はできないため、そこまで安く仕入れることができない。また、卸業者への注文では、発注から納入までの時間もかかる。

これが大企業なら購買部門があるので、多少は計画性をもって仕入れることができるのだろうが、中小企業ではそうもいかない。ホームセンターのような小売店に行くか、卸業者の営業マンと取引するというのがこれまでの常識だった。

しかしその常識が、モノタロウの登場で一変した。小口、かつ即座に購入できないという問題を解決し、検索エンジンやレコメンド機能を搭載させたモノタロウの間接材購入サイトが、卸業者の商品知識を代替しているのだ。

事業者が卸業者に頼っていた間接材の販売において、モノタロウは「ほしいモノがすぐ手に入る」システムを作り上げた。

モノタロウのトップページには、「安全保護具・作業服・安全靴」「ねじ・ボルト・釘・ビス／素材」「作業工具／電動・空圧工具」といったカテゴリがある。1個2円のネジから、950万円を超えるサーバーまで取り扱う充実ぶりである。

モノタロウを使えば、そこそこの安さで豊富な品が手に入る。そして何より、注文から発送までのスパンが短い。ネジ1本でもすぐ届けてくれるほどの細やかさである。

これが当たってモノタロウは、2018年12期まで9期連続20%以上の増収となり、今や売り上げ1000億円の大台に乗った。その品揃えは、あらゆる業種に対応すべく増え続け、取扱点数は1800万点にまでのぼっている。しかもこれらの商品のうち、58万5000点については即日出荷というスピード感である（2019年11月時点）。こうして今やモノタロウは、BtoBにおけるAmazonとして、日本の事業者を支える存在になっている。

ここで私が強調したいのは「モノタロウのサイトが営業マンの代替になった」という点である。間接材はあまりに数が膨大なため、その中からどの商品を選べばよいかの判断は、これまで卸業者の営業担当者の商品知識に頼るか、自分で多くの時間をかけて調べるしかなかった。しかしモノタロウでは、ディレクトリ検索を中心に、検索エンジンやレコメンド機能を搭載することで、顧客が商品を選びやすい仕組みを作っている。

つまりテクノロジーが卸業者の営業マンを代替したということなのだ。

今後、モノタロウは、Amazonに引けを取らない検索エンジンやレコメンド機能を強化させ、ＢtoＢでありながらも、そこに人は介在させず、テクノロジーがあるだけの存在になっていくだろう。

モノタロウの成功は、ＢtoＣで起きた「Ａｍａｚｏｎへのシフト化現象」が、ＢtoＢでも大きく広がり出していることを証明している。

「ＣＡＤＤｉ（キャディ）」の衝撃

同様の流れはカスタマイズが必要な一点モノの世界でも起きている。モノタロウのような、間接材のみならず直接材の世界にも及びはじめているのだ。

たとえば製造業における直接材である特注の板金加工品についても、インターネットで見積もりを出し、オーダーまでできるプラットフォーム「ＣＡＤＤｉ（キャディ）」の成長が著しい。

特注の加工品を発注する際、発注者は相見積もりを取るのが一般的だ。しかしこの作業を受注側である町工場から見るとどうだろう。

小さな町工場が何日もかけて見積もりを作成しても、それが成約に結び付くのはわずか2割。昼間は製造作業や顧客対応があるため、見積もりの作成は営業時間の後に行う。夜遅くまで何日もかけて見積書を作っても、その8割は無駄になってしまう。

事実、筆者のファンドの投資先にも、プラントに大型の環境機器を納品する会社があったが、見積もり仕事の多くが受注できず、見積もり損現象が多発していた。無事に受注できたとしても、その後の価格交渉によって赤字になることもよくある話だ。

そんな問題を一気に解決したのが「CADDi」である。

CADDiはマッキンゼー出身者が立ち上げた、町工場と製造メーカーのマッチングシステムの会社だ。人を介さずWeb上で見積もりを算出できることから、相みつを取るために何社にも見積もり依頼を出す必要がない。CADDiはこのサービスが最も大きな特徴で、3次元設計図（3DCADデータ）をアップロードするだけで、すぐに見積もりと納期が提案され、発注まで行える。

この見積もり作業を独自のアルゴリズムで効率化したことで、価格と納期の見積もりはなんと「7秒」でできてしまう。

現在CADDiは、100社を超える加工会社と提携し、マッチングを行っている。

これによって発注側はあらゆる見積もりが取れるとともに、発注もワンストップで解決、町工場側も黒字での受注が可能かつ無駄な見積もり損というコストもかからなくなりつつある。これによって発注側は取引コストの低減から平均25％のコストダウンにもなるという、まさにＷｉｎ－Ｗｉｎのビジネスモデルなのである。

顧客のニーズをうまく拾い上げながら、一点モノの商品を販売するには営業が必要という古い考えの人がまだ多くいるが、現実はこのようにテクノロジーに置き換えられつつある。そして営業がテクノロジーに置き換わるというこの現象は、Ｂ to Ｃや間接材・既製品にとどまらない。むしろ中間コストの大きい直接材や注文品こそがテクノロジー導入の本丸であり、この分野のテクノロジーが進化することで価格破壊が生まれ、一気に導入が進む。かくしてこの社会は、確実に営業マンを減らす方向に動き出しているのである。

営業の代表格「ＭＲ」もテクノロジーに置き換わる

テクノロジーが生身の営業マンを代替するという事態は、医療業界においても進んでいる。今、日本では製薬会社の営業マン、いわゆるMR（医薬情報担当者）が、どんどん減っているのだ。

MRと言えば、営業マンの代表格とも言える存在である。

一昔前の医療ドラマなどで描かれるMRはこんな感じだった。

いつも病院のどこかに潜んでいて、医師に接触するタイミングを見計らっている。チャンスと見るや医師に近づいて、自社の医薬品を売り込む。夜は高級クラブで医師を接待し、医師の家族の誕生日には高級品を贈る。「これぞ営業マン」というのがMRのイメージだ。

医薬品の販売は極めて専門性が高く、複雑で広範な知識が必要となる上、使用時のリスクなども存在する。そのため傍から見れば、医薬品の営業活動については、一見テクノロジーが導入されにくいように思われる。また、「医師の側としても、重要な医薬品を購入するのだから、やはり人を介してじっくり説明を受けたいのではないか」と思ってしまう。

しかし現実はそうではない。なんとインターネットを通しての購買が急激に進んで

減り続けるMR

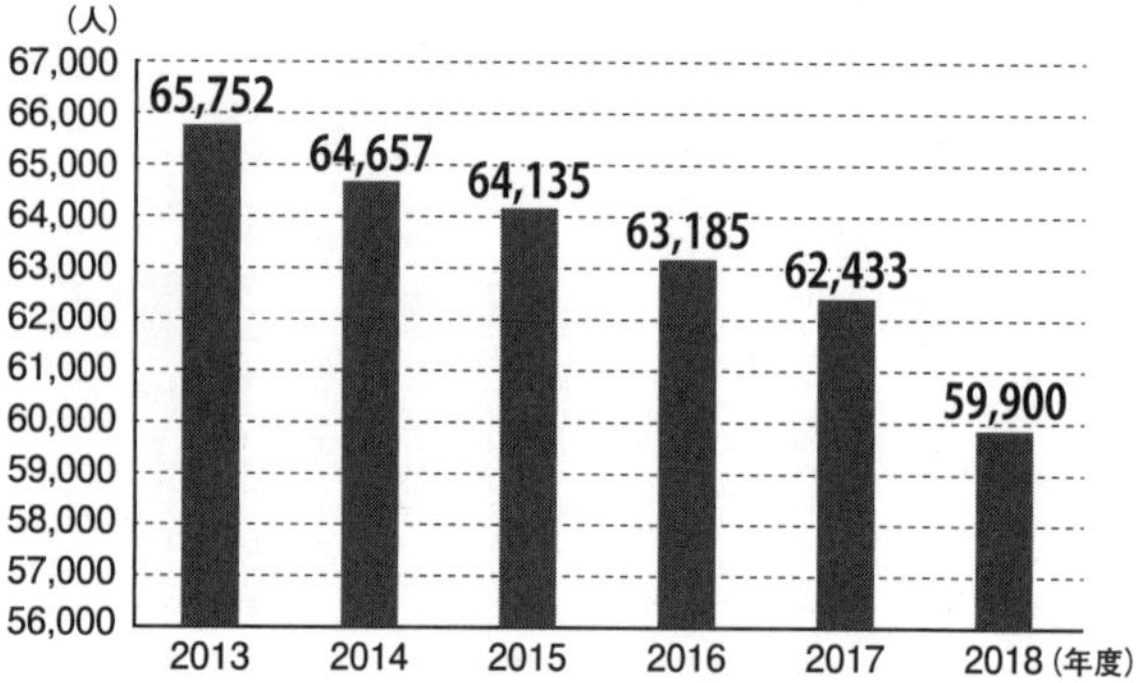

2019年版MR白書

いるのだ。

ＭＲ認定センターのまとめによると、ＭＲの数は２０１３年度の６万５７５２人をピークに、６年連続で減少し、２０１８年度末には５万９９００人となった。特に２０１８年度の減少は過去最高で、１年で全体の約４・１％にあたる２５３３人が減少した。

ＭＲの新卒採用の抑制も続いており、２０１９年の春には、製薬会社の６割がＭＲに新卒の採用を見合わせている。

ＭＲの数をここまで顕著に減らした裏には、実は「ＭＲ君」というＷｅｂサービスの存在がある。

「MR君」は、日本最大級の医療情報専門サイト「m3.com」等を運営するエムスリーによって提供されているもので、従来はMRから医薬品を購入していた医師の動きを、Web上に代替したサービスである。

製薬会社ではこれまで、自社の医薬品についての情報をMRを通じて医師に届け、MRは担当する医師の専門性や性格、その病院の個別条件などを理解しながら、最適な医薬品情報を医師に提供してきた。その際、一部では過剰とも言える接待攻勢をかけ薬の受注を行っていた。

しかし、医薬品はいわずもがな公的資金が充当されていることから、そのコストを押し上げるこのような過剰な営業活動は問題視されるようになり、業界ではルールを作っての自主規制が進んだ。こうしてMRの活動範囲は狭められていく。そんな背景もあり広がったのが、MR君のWebサービスである。

現在、エムスリーが展開するサイト「m3.com」を利用する医師は28万人で、国内の医師の約9割にのぼる。このサイトを通じてMR君を利用する医師も増えているため、今や製薬会社の営業活動にMR君は欠かせない存在となっている。

ＭＲ君を使うことは、製薬会社にとって大きな経費削減にもつながっている。エムスリーが公表しているデータによると、ＭＲ君を使って医師に情報を認識してもらうためのコストは、人間の60分の1で済むという。

人間の場合、どうしても情報のばらつきが出てしまうが、ＭＲ君は本社管理による情報提供なので、精度の高い情報をくまなく伝えることもできる。

さらに重要なポイントは、ＭＲ君が単に医薬品情報を載せているだけのサービスではないという点だ。ＭＲ君は「ＭＲの営業活動をそのままインターネットで実現すること」を目的に作られている。つまりその名前の通り、ＭＲ君は人間のＭＲを代替するサービスなのだ。

ＭＲ君には病院や医師のデータベースが備わっており、データベースにはそれぞれの医師の専門性や特徴、薬の購買状況、情報の閲覧状況といったデータが随時蓄積されていく。このデータに沿ってＭＲ君の提供するコンテンツや提供の仕方は変化する。

つまり人間のＭＲが相手の医師に合わせて情報提供や新薬の提案をするように、ＭＲ君も医師一人ひとりにカスタマイズされた形でその内容を伝えることができるのだ。

さらにMR君には、製薬会社から提供された医薬品情報の動画や静止画のコンテンツが豊富に掲載されている。今、MR君はアプリでも提供されているのだが、Yahoo!のニュースアプリのようなデザインになっており、情報がとても見やすい。MR君の登場によって、製薬会社の営業戦略は大きく変わった。そして、MRの仕事はテクノロジーによって侵食され、MRの数が減り続けているというわけだ。

優秀な営業マンが持っている幅広い商品知識は、膨大な情報を即座にダウンロード（閲覧）できるインターネットの情報提供に置き換わり、顧客のニーズにマッチした商品を提供するスキルは、AIを中心としたレコメンド機能が担っていく。テクノロジーが営業マンの能力を超えるのはもはや時間の問題である。

ルーティンタスクの営業は「すでに」いらない

ここまで見てきたように、「ルート営業」のような業務を担っている営業マンは、すでにその地位をテクノロジーに脅かされはじめている（前述のMRも、専門性は高いが、その実態は「ルートセールス」であることに変わりはない）。

ただこの流れは、御用聞き的営業やルートセールスの分野にとどまらない。すでに最先端の営業の現場では、新規獲得営業の分野においても、営業事務はもちろん、新規のアポ取りやその後のクロージング作業までをテクノロジーが代替し、あらゆる営業マンを締め出しつつある。

営業活動に利用されるテクノロジーは「セールステック」と呼ばれるが、さまざまなセールステックがあらゆる分野で営業マンの作業を担いはじめている。

第1章で説明した野村證券のような対面型証券営業マンが、インターネット証券の台頭によりその存在を脅かされているように、単純作業に近い業務（ルーティンタスク）を行う営業の仕事から順にテクノロジーへと代替されている。

営業マンの仕事といえば、本来、顧客との商談時間を多く持つべきだが、実際には見積もりや販売報告書や稟議書、日報の作成、定例会議といった準備的業務に多くの時間を割いている。

そして困ったことに、報告書作成や会議をしていると、まるで「仕事をしている」気になってしまう。しかし、それは本来の営業活動ではない。「こんなに忙しく働いているのに、なぜ成績が上がらないんだろう」と思っているなら、何にどのくらい時間を使っているか計ってみるといい。商談時間のあまりの短さに驚くだろう。

「第71回営業マンの有効活動時間の拡大ポイントとは」という記事によると、日本の営業マン（生産財営業マン）の仕事時間のうち、顧客との面談やサービスに使われているのはわずか25％で、移動が19％、一方、書類作成や会議に費やされる時間は54％にものぼっているという（日本能率協会コンサルティング（JMAC）調べ）。つまり日本の営業マンの稼働時間の約7割は、商談の「準備」に浪費されているというわけだ。

一方、アメリカの営業マン（生産財営業マン）は、約42％の時間を顧客との面談に使っており、移動は35％、書類作成や会議に費やされる時間は20％にすぎないという（米マグロウヒル社調べ）。

日本では、移動や報告、単純な事務作業に約7割の時間が割かれる一方、アメリカではその時間が55％に抑えられている。

これはアメリカの営業マンの仕事が非常に効率化されていることを示すと同時に、日本の営業マンの仕事には、もっと簡素化できる余地があることを示している。

営業マンの時間の使い方（日米比較）

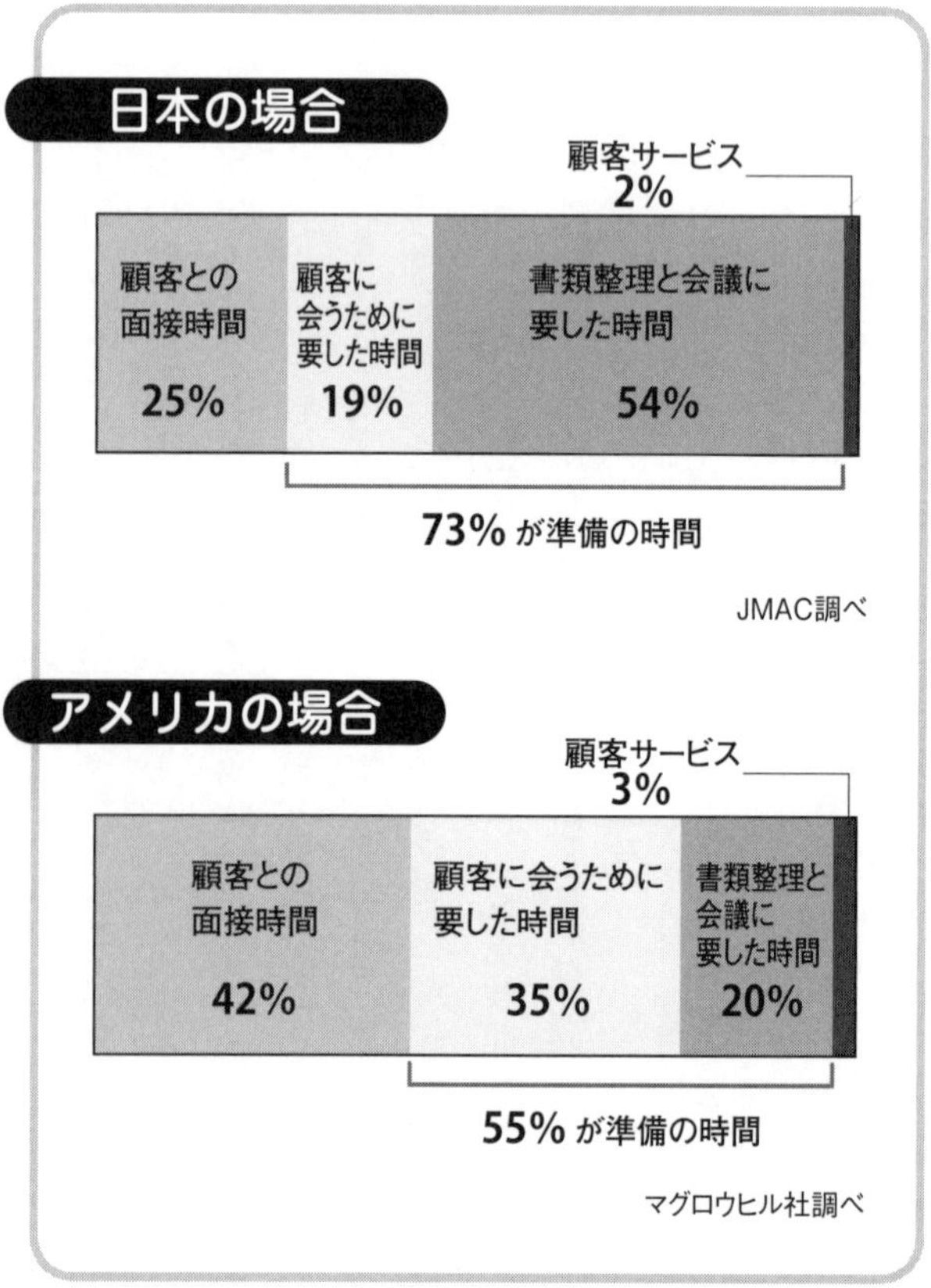

※いずれも生産財営業マンの場合

アメリカの営業マンの仕事は、すでにテクノロジーへの置き換えがはじまっている。そしてその波は、日本の営業マンの世界にも今後間違いなく押し寄せてくる。

進化型インサイドセールスの台頭

先に、ルーティンタスクからテクノロジーに代替されるという話をしたが、実はこれは、ルーティンタスクだけにとどまらない。

欧米ではすでに顧客を訪問してヒアリングし、提案するといった複雑な「ノンルーティンタスク」の営業プロセスまでもが、テクノロジーに置き換わりはじめている。

「営業」と聞いたとき、多くの人が真っ先にイメージするのは、客先を訪ねる「訪問営業」だろう。これは「フィールドセールス」と呼ばれるものである。

一方、社内にいながら消費者にアプローチする内勤型の営業手法を、「インサイドセールス」という。このインサイドセールスは、世界に先駆けてアメリカで急速に広まった。

アメリカでは、客先を訪問するとなれば、国土の広さから飛行機で片道数時間かけて移動しなくてはならない。これでは時間もコストも膨大にかかってしまう。距離がネックとなって、フィールドセールスにコストがかかりすぎるのだ。

そこでアメリカでは、なるべく訪問を行わずに営業を完結させようと、メールや電話を使ったインサイドセールスの技術を発展させ、営業の効率化を図った。フィールドセールスをできるだけなくし、可能な限りインサイドセールスでの営業を進化させていったわけだ。

ただ、アメリカでの営業活動の進化は、フィールドセールスの時間をなるべく減らし、インサイドセールスの時間を延ばすといった単純なものにとどまらない。

メールや電話を使って営業をするという旧来型インサイドセールスは、まだ多くのマンパワーを必要としていた。どのようなタイミングで、どういった内容の連絡をするかは、個々の営業マンが判断しなければならないからだ。

そこで現在は、セールステックの圧倒的進歩により、「進化型インサイドセールス」とも呼べる営業手法が出現している。これにより、フィールドセールスを行う営業マンの数が加速度的に減少している。

セールステックツールの衝撃

この「進化型インサイドセールス」とはいったい、どのようなものか。

これは主に、MA（マーケティングオートメーション）、SFA（セールスフォースオートメーション）、CRM（カスタマーリレーションシップマネジメント）と呼ばれる三つの最先端セールステックツールを駆使する営業のことである。

アメリカではかなり精緻に営業プロセスの管理がなされている。ターゲットリストの作成、電話やメール、アポイント、提案、交渉、受注というプロセスに分け、それぞれのプロセスごとに対応するスタッフが代わる。

簡単に言えば、MA、SFA、CRMといったツールは、その営業の各プロセスにおいて、人の関わりを極力排除し、自動化するものである。だから、自動化された部門の営業マンから先に職を失っていくことになる。

これらのツールをアメリカで爆発的に広めたのは、セールスフォース・ドットコム社という、営業支援系クラウドコンピューティング・サービスの企業である。

MA、SFA、CRMとは単純に言えば、次のような分野で活躍するテックツールである。

・MA……「マーケティング」業務の一部を自動化するツール
・SFA……「営業活動」の一部を自動化するツール
・CRM……「カスタマーサポート」や「アフターサポート」(既存客にリピーターになってもらうための業務)の一部を自動化するツール

営業におけるマーケティングの分野では、これまでは各営業マンが個別に、いつ、どんな情報を送るかを判断し、企業側が一方的に想像する見込み客に手作業でメールを送っていた。これを双方向にして見込み客の精度を上げ、自動化してくれるのが、「MA(マーケティングオートメーション)」である。

たとえば見込み客のAさんが、とある製品をネットで探しているとする。このときAさんが検討先の一つとして、MAツールを導入している甲社のホームページを長時間閲覧していたとする。1カ月後、このAさんが再び甲社のホームページを訪れ、資料をダウンロードするために個人情報を入力すると、MAツールは1カ月前にホームページを訪問した匿名のAさんと今回の人物とを、その使用端末（PCやスマホ）の記録から同一人物と判断し、個人情報の紐付けを行い製品に対する購買意欲の高さをスコアリングする。

甲社はこうした顧客のスコアリングデータを元に、Aさんのように関心が高い人には、次にメールを送るタイミングを早めたり、自動送信するメールの内容をより具体的にしたりなど、より購買に結び付きやすいアクションを取ることで購入確率を上げる設定を施す。

つまりどのタイミングでどんな情報を送るかという初期設定さえしてしまえば、後は最も成功確度の高い方法を選んでMAがすべて自動でやってくれる仕組みなのだ。

このようなツールを使えば、見込み客獲得後も購買意欲に応じた客の選別、リスト管理、メール配信、進捗管理までを、一元的かつ自動で管理できる。しかもここにもビックデータの活用は存在していて、顧客の動きとそれへの対応を膨大な情報量の元、効果検証しながらツールの精度を上げ、最適解を導き出している。

ＭＡを駆使したマーケティング活動によって、見込み客の購買意欲を最大限にまで高めたら、次に登場するのは、二つ目のツール「ＳＦＡ（セールスフォースオートメーション）」である。

ＳＦＡは、見込み客への提案からクロージングまでの部分をサポートするものだ。その主な機能は、案件管理、商談管理、活動履歴管理、予実管理などである。所属する営業マンの誰が、いつ、どの企業に対して何を提案しているか、その結果どんな成果を上げたか、その内容と進捗状況のすべてが記録される仕組みになっている。売り上げ予測や売り上げ実績を確認することもでき、営業目標の達成率なども一目で把握できる。

中でもＳＦＡの特筆すべき点は、全営業マンの全活動を記録しているため、最も成績のよい営業マンの効率的な業務の流れを逐一ピックアップし、把握することができることにある。これを営業部門全体でシェアすれば、ＳＦＡは並の営業マンの活動を、トップ営業マンの活動レベルにまで一気に引き上げることができる。そんなSFAを使って首尾よくクロージングまでいったら、最後は「CRM（カスタマーリレーションシップマネジメント）」の出番になる。

CRMは商品購入後の顧客との関係を維持するツールである。購入顧客の情報を一元管理できるのはもちろんのこと、一斉メール配信やアンケート調査などの機能もついている。そのためクレームなどが発生した際も、顧客についての情報を、チーム全体で把握でき、迅速かつ適切な対応が可能になる。

また、顧客の活動と営業の活動、双方を記録しているため、どの行動がリピートにつながり、逆にどんな行動を取ると顧客が離脱しがちかを、割り出すことができる。だから、顧客に対するすべてのアフターサポートについて、最もリピートにつながる行動へと、アップデートし続けることができるのだ。

本書はセールステックの説明をする本ではないので、細かな説明は他の本に譲るが、営業マンが行っていることのほとんどは、これらのツールで代替することができるようになる。もちろん、現時点では足りないことも多くあるが、これから数年で、ＡＩ

やビッグデータがたゆみない進化をもたらし、一人の営業マンでは到底できない活動にまで昇華するであろうことは、ここまで読み進めてくれた読者の方々は理解できるだろう。

実際に私は、自社のファンドで営業支援に入っている企業にセールステックツールを導入し、運用を行っているのだが、営業マンを増やすことなく営業成績が飛躍的に上がり、毎度驚くばかりである。

ベルフェイス発表の「Technology for Sales」には、米経済誌『フォーブス』が、米国の大企業（売上高5億ドル以上。2017年の売上構成は、インサイドセールス28・8％、フィールドセールス71・2％）が、今後はインサイドセールスの比率を40・3％にまで高めようとしているとの記事を掲載したことが書かれている。

たしかに実際使ってみると、セールステックツールは使い倒さない手はないと思えるほどで、営業プロセスはこうしてテクノロジーに殺されるのかということを身をもって感じる。

営業に管理職はいらない

前述したが、本書を出版するにあたり取材に伺った日本のあるセールステック企業では、顧客との会話をすべてデータで取得、それを解析することであらゆる営業プロセスを効率化させるツールを開発していた。

この企業のツールでは、顧客とのやりとりがすべてテキスト化されるため、営業日報なども不要になっている。営業マンが個人の主観で書き込んだ日報より、客とのやりとりのテキスト（会話全文を文章化したもの）から、販売活動の内容や進捗、顧客との折衝状況のポイントをＡＩがまとめたレポートのほうが、むしろ正確な状況を記録できる。こうした、営業のルーティンタスクのテクノロジーによる代替は、日本でもすでにはじまっている。

このようなビッグデータとＡＩを使ったツールは、すべての営業トークを蓄積し、トップ営業マンの営業トークを使った最良の売り込み方を作成する仕組みづくりを可能にする。

また進捗報告や方向性を決める社内会議についても、すべての商談をＡＩが把握しているため、報告業務からそれを受けての進め方のアドバイスまで、トップ営業マンのやり方をベースにシステム上でできてしまう。つまり精神論や根性論が含まれた無駄な営業会議も一切不要になるのだ。

提案資料も優秀な営業マンが作ったものを元にビッグデータを駆使して進化させていけばいい。よく売れる「テッパン資料」をテンプレート化し、順次それをベースに顧客のハートをよりつかみやすい表現を抽出してアップデートしていけば済むのだ。営業マン独自の営業資料作成も、ほぼ不要になっていく。

その結果、企業は営業マンの行動を管理したり、営業の手法をアドバイスするような必要性はなくなっていく。したがってセールステックに一番最初に代替されるのは営業の管理職だ。営業には一人か二人のスタッフが残り、それ以外は不要となる未来が、今現在高い確度で予想される。

SaaSの衝撃

セールステックツールが革新的なのは、機能が優れているからだけではない。これらがクラウド上で動くＳａａＳ型のソフトウェアとして提供されていることも、セールステックの先進的な部分である。

ＳａａＳとは「Software as a Service」の略で、直訳すると「サービスとしてのソフトウェア」という意味になる。日本では「サース」や「サーズ」などと呼ばれている。

ここで言うサービスとは「クラウドサービス」のことであり、ＳａａＳはクラウド上で提供されるソフトウェアのことを指す。

クラウドサービスがまだ普及していなかった頃、ソフトウェアはＣＤ‐ＲＯＭやＤＶＤといったパッケージの形で販売されていた。しかしＳａａＳは、こうしたパッケージを持たず、ソフトウェアとしてサーバー側からデータとして提供される。

ＳａａＳの代表的なサービスとしては、クラウド上で使用できるＧｍａｉｌやＹａｈｏｏ！メールといったメールサービスや、ＷｏｒｄやＥｘｃｅｌといったオフィスソフトをクラウド上で使用できるようにした「オフィス３６５」などが挙げられる。

これらのＳａａＳ型サービスは、その多くがサブスクリプション（継続課金）の形で販売されている。中には基本無料でより高機能なプランについては有料というものもあるが、いずれにしても買取り型のサービスではないため、初期費用が安く、導入へのハードルが低い。

SaaSを使えば、インターネット環境下ならどこからでもアクセスできるので、ノートパソコン、あるいはスマホやタブレット端末さえあれば、わざわざ出先から会社に戻る必要がなく、出張先や自宅にいても作業ができる。

また、データをオンラインストレージ（クラウド上）に保存し、複数のメンバーで管理、編集することも可能、かつ情報をリアルタイムで共有できるため、チームの連携が格段に取りやすくなる。

さらに特筆すべきは、SaaSはクラウド上のサービスであるため、運営側のアップデートが容易である点である。全ユーザーのさまざまな利用履歴をデータベースに落とし込み、サービス側のソフトを随時進化させることが可能。私が取材させてもらったセールステック企業では、ユーザーの営業記録（顧客との電話や面談時の会話履歴）をすべて記録し、解析していた。それによると、商談時に「ありがとうございます」という言葉を発する営業マンの営業成績は総じてよく、ゆるやかな相関関係があるとのことだった。このようなビックデータの解析なども即時アップデートされる。つまりＳａａＳ型で提供されるシステムは、第２章で紹介したテスラ社の車に積まれたシステムのように、常に進化し続けることが可能な仕組みになっているのだ。

このような圧倒的な使いやすさゆえに、ＳａａＳ型セールステックツールは、欧米の企業において爆発的に普及している。

実際、ＳａａＳ型セールステックツール提供の最大手である米セールスフォース・ドットコムは、２０１９年までの間に8年連続で米『フォーブス』誌が選ぶ「世界で最も革新的な企業」の1社に選ばれているほどだ。

ＦａｃｅｂｏｏｋがＩｎｓｔａｇｒａｍを買収してＳＮＳユーザーを一気に囲い込んだように、ＧｏｏｇｌｅがＹｏｕＴｕｂｅやダブルクリックを買収してネット広告を一気に取りまとめたように、ＳａａＳ企業の筆頭であるセールスフォース社などがセールステックを取り込んで、営業のすべてをＷｅｂ上で完結させる日は近い。

こうしたサービスはネットワーク外部性が強く働くことから、ユーザー数が閾値を超えれば、雪崩を打ったかのように一気に導入が進むだろう。もはや「セールステックはまだ使い勝手が……」などと言ってはいられないのである。

近い将来、セールステックが、見込み客獲得からクロージング、そして顧客維持まででそのすべてのプロセスをしっかりサポートしてくれるようになるだろう。

その暁には、営業マンなどほとんどいらなくなる。これは遠い未来のことではなく、すぐ目の前に迫った話なのだ。

予測以上のことが起こりうる

ただ、「営業マンの多くがセールステックに代替される」と言うと、決まってこのような反論が返ってくる。「最新のテクノロジーなんて、予測通りには広まらないものだ」と。この反論は半分当たっていて、半分間違っている。

たしかに新しい技術やサービスは、予想通りの広がり方をすることが少ない。ただこれは、思ったほど広がらないということではなく、思いもよらない方法で利用され、広がってしまうという意味である。

たとえばFacebook。これはもともと、ハーバード大学で女子学生の容姿を戦わせるためのツールとして生まれた。女子学生の写真をオンライン上にあげて、カードゲームのように2枚の女子学生の写真を見比べながら、勝ち負けを決めていくのである。そこで必要となる女子学生の写真をマーク・ザッカーバーグ氏が大学のデータベースからハッキングして取得し保護観察処分となったことから、その反省を踏まえ、個人が自分の写真や自己紹介をアップできる今のFacebookの原型となるツールが生まれた。そんな不埒で社会的存在価値の低いツールが、世界で23億人以上もの人に親しまれ、ビジネスにおいても欠かすことのできないコミュニケーションツールになろうとは、当時、誰も考えつかなかっただろう。

Facebookは当初、写真と自己紹介と簡単なコメントをアップできるだけのツールだった。しかし利用者が増えることで、さまざまな使い方が生み出され、ツールがアップデートされることになる。「連絡先を交換する」「近況を報告する」「チームで議論する」といった、それまでリアルで行っていたことがオンライン上で済むようになったのである。また、単に個人情報をオンライン上にアップしていても、ここまでの展開はなかっただろうが、Ｆａｃｅｂｏｏｋ社が共通の友達やＦＢ自体のレコメンドエンジンから「友達では？」という提案を生むシステムにしたことで、さらに人のつながりが伸展し、多くの人脈が可視化され、知らない誰かにアクセスすることの難度を大きく下げることになった。その結果、ＦＡＸや電話、名簿や名刺、年賀状やクリスマスカード、写真アルバムに共有ファイルなどのツールが代替され、それぞれが統合、進化していった。

新しく生み出された商品やサービスは、既存サービスの代替のみならず、その延長線上、ときにはジャンルの垣根を越え、飛び火のようにあたりを焼き払っていく。「セールステックの普及なんて、予想通りには進まない」などとおちおち言ってはいられない時代なのである。

地方はどうか？

セールステックは、国土の広いアメリカで発達したと前述したが、これはアメリカが距離の問題を克服するために、インサイドセールスに力を注いだ結果である。

ちなみに日本にも、インサイドセールスに力を入れている地方が存在する。それが「通販王国」と呼ばれる九州地方である。「青汁のキューサイ」や「やずや」、「再春館製薬」や「ジャパネットたかた」など、売上高100億円を超える通販企業が九州に集中している。

これらの企業は東京や大阪などの大都市から遠いため、直接売り込むよりインサイドセールスが有利だという発想に至ったのだろう。通販なら東京や大阪などに比べて、人件費や事務所などの固定費が安い地域で戦うことができるからだ。

こうして福岡を中心に通販企業が集積し、ダイレクトマーケティングのノウハウや、コールセンター人材が集まったと言われている。

「地方なら大丈夫だろう」などと油断してはいられない。遠隔で戦うことができるインターネット時代においては、固定費が安く、人不足に陥っている地方こそ、営業マンに頼らないインサイドセールスが発展していく可能性が高いのである。

ホスピタリティもAIに置き換わる

ここまで私が「営業はなくなる」と説明しても、「高度なコミュニケーションに関わる営業はテクノロジーには置き換わらない」という意見が出てくるだろう。でも果たして、それは本当だろうか。

たとえば携帯電話が普及しはじめた30年ほど前は、目上の人に重要な話をするとき、携帯にかけて話すのは失礼だと言われていた。訪問して話すのが当たり前、それが無理なら会社や自宅などの固定電話にかけるべきといった文化が存在していた。

つまり新しく誕生したテクノロジーはその便利さゆえに手軽なものと捉えられ、重要なコミュニケーションに使うのは失礼という発想が常に存在してきた。

しかしこれは裏を返せば、新しいテクノロジーが浸透し、古いツールになれば存在価値が認められるということでもある。携帯メールが誕生した20年前は、携帯メールで遅刻を上司に報告するのは失礼だが、携帯電話で伝えるのはOKと携帯電話の価値が認められたり、最近ではLINEは失礼だから、せめてメールでと言われている。

しかしそんなLINEも社会的地位を獲得したので、今では仕事でLINEのグループメッセージ機能を使っている職場も多いだろう。

これと同じような話で、メールツールや、インターネット上での会議システムが出てきたときは、営業先とコミュニケーションをするには「顔を合わせて話さないと」という声がたくさんあった。ところが蓋を開けてみれば、そんなことはなかった。こうしたツールを使うことで、業務は格段に効率化され、お互いに無駄な時間やコストをかける必要がなく、時を追うごとにどんどんテクノロジーの利用が広まった。

最近では、電話をかけることは自分の都合のいい時間に相手の時間を拘束して奪う「時間泥棒」とさえ呼ばれるようになった。LINEで済むことはLINEで終わらせようという文化は、これから5年もすれば完全にマジョリティになるだろう。

とは言いながら、たまには会って近況を報告することが、円滑なコミュニケーションを生むという考え方もある。これは事実だろう。でもそれがすべてではない。Facebookを使っている人であればピンとくるだろうが、数年ぶりに友人に会っても、久しぶりに会った気がしない。数カ月、数日前に話したような気がすると感じる人も多いはずだ。Facebookを使っている人は、つながっている友達同士で近況を報告し合っているので、お互いの最近のトピックスを知っているからだ。結婚したり、子どもができたり、家を建てたり、旅行へ行ったり、就職したり、転職したりという生活をエピソードと写真を通して毎日見ているのである。全然会っていない友達の人生をFacebookを通して、常に見ているのだから久しぶりの感じがしないのである。むしろFacebookがなかった頃に比べて、友達の人生のトピックスを格段に知ることができるようになっている。

友達とリアルに会っても会話をしなければ、高度なコミュニケーションには発展しない。一方、オンラインであっても、互いの話題を常に共有していれば、テクノロジーを介していても高度なコミュニケーションが実現できる。これに画質の高いビデオ会議システムや、将来的には3Dストリーミング、VRなどのテクノロジーが加われば、人と会う必要性はもっと減っていくだろう。

すでに、今や飲み会ですらオンラインで開かれるまでになっている。オンライン飲み会なら、遠方にいても親の介護があっても、自宅で気軽に参加できる。仕事をしながらでも、何なら歩きながらでもアクセス可能だ。

利害関係のない友人同士の親交にテクノロジーを活用できるなら、費用対効果が求められ、合理的な行動が優先される営業活動の交流がテクノロジーを活用できないはずはない。

また、こんな意見も出るかもしれない。

「営業マンが持つべき〝ホスピタリティ〟はテクノロジーに代替されない」

しかし私は実はホスピタリティこそ、ビッグデータやＡＩに置き換わりやすいと考えている。

すでにお話しした通り、私の住むマンションを運営しているのは、ホスピタリティの分野では世界的に評価の高いホテルの一つである。

車寄せに車を止めればドアを開けてくれるし、マンション入口の自動ドアも、手を添えて開けてくれる。手紙やクリーニングを出すときはコンシェルジュに預けるだけでいいし、頼めば部屋まで取りにきてもくれる。また誕生日には、スタッフ全員が「お誕生日おめでとうございます」と声をかけてくれる。

「これこそ人の温かさ、ホスピタリティだ」。多くの人はそう思うかもしれない。しかし冷静に考えてみてほしい。この中で、テクノロジーに判断できないサービスが存在するだろうか。

車のドアを開けることはルーティン作業に近い。手紙を出すのは、こちらからお願いしたタスクなので、むしろコンピューターのほうが適切に処理してくれるだろう。誕生日に「おめでとう」と声をかけるのは、顧客の誕生日をデータベース化しておけば、テクノロジーのほうがヒューマンエラーを起こさない。事実、スタッフの手違いで、私は誕生日の1週間前にお祝いの言葉をかけられたことがある。ここについては、テクノロジーのほうが信頼できそうだ。

また相手の状況に応じてさまざまな対応をするということをホスピタリティと呼ぶのだとしたら、たとえば風邪気味で調子が悪そうな顧客に温かい飲み物を提供したり、毛布を差し出すのはホスピタリティかもしれない。

しかし、表情を読み取る能力については、ＡＩの画像処理や画像認識技術がいずれ人間の判断を上回るだろう。また、熱が出ているかどうかは、空港のセキュリティゲートにあるような感熱センサーのほうが、人間よりも正確である。

どのようなときにどのような対応をすれば喜んでもらえるかを、ＡＩにディープラーニングさせておけば、適切に判断できる。さらには個人の好き嫌いまで学習を積み重ねれば、その人により最適な対応が即座になされるようになるだろう。

ちなみに先の話で言えば、私の場合は「誕生日おめでとう」という声はかけてほしくない。冷たいと思われるかもしれないが、スタッフから機械的に「おめでとう」と言われて「ありがとうございます」と毎回答える手間を考えると、そっとしておいてほしいと思うのだ。そんな個人それぞれの要望が浮き出る反応も、表情や声色を読み取るシステムを組み込んでおけば、この人には「おめでとう」を言わないほうがホスピタリティを感じてもらえる、と判断できることになる。

「おめでとう」を言うことが99％の人には喜ばれ、当たり前のこととして提供されても、残りの1％には嫌がられることもある。ここまで読み取りながら対応するのは、多くの人間には不可能だろう。しかしテクノロジーなら可能になる。

こうしたことは、かつて「伝説のホテルマン」や「敏腕秘書」といった、ごく一部の優秀な人材にしか成し得なかった。しかし今はそれをＡＩなら標準的にこなすことができる。

ただ、ここまで言っても、なお「ホスピタリティは必要」と主張してくる人がいたら、そんな人には「では具体的に、代替されないホスピタリティとは何ですか？」と聞き返してみるといい。そうすると「気配り」とか「顧客を喜ばせること」といった曖昧な言葉が返ってくるだろう。ホスピタリティが必要だと言っている本人が、ホスピタリティとは何かを具体的に細分化できず、求める本人さえよくわからないのだとしたら、それにどれほどの価値があるというのだろうか。

ホスピタリティには、当然、コストがかかっている。たとえばＡｐｐｌｅ製品を買うときに、Ａｐｐｌｅストアに行って、店員にホスピタリティを求める人はどれぐらいいるだろう。Ａｐｐｌｅの店舗を訪れる人は、何もホスピタリティを求めて行っているわけではない。自分の生活を便利にしてくれる、デザインの洗練されたＡｐｐｌｅ製品がほしいだけだ。

もちろん店員の対応がいいに越したことはない。しかし、それは別にお茶とお菓子を出してほしいということではないし、個室に通してほしいということでもない。

自分がお金を払ってでも解決したいこと、つまり、生活の利便性を高めたいというニーズさえ満たしてくれれば十分という人が大多数だ。だから、Ａｐｐｌｅは、そんなに多くの店舗を構える必要がないし、店舗でお客様に売り込みの声をかけることもない。店舗スタッフのホスピタリティを最低限に抑えることで、そのコストを製品に転嫁しなくていいようにしているのだろうし、製品力が強いのでその必要もない。

ホスピタリティと名付けられたものから発生するコストは、結局、客側の支払いに上乗せされる。しかし現代の消費者の中には、より合理的な考え方をする顧客が増えており、ホスピタリティに大きなコストをかけてほしくないと考えるようになってきている。そしてホスピタリティのつもりで提供されたサービスがマッチしなかった1％の顧客が、そのコストを強制的に製品に上乗せされることほど悲惨なことはない。

過去の人脈など無価値になる

最後にもう一つだけ、よくある反論に応えておきたい。

それは「人脈、特に意思決定権を持つ人へのアクセスは、テクノロジーでは置き換えられない。人と人とのつながりによって築くしかない」という意見だ。つまり、営業マンが築いている「人脈」のようなものは、テクノロジーには代替されないという話だ。

しかし実は、これが一番テクノロジーに置き換えられやすい。

法人向けクラウド名刺管理サービスＳａｎｓａｎのＣＭを見たことがある人もいるだろう。営業マンの上司役である俳優の松重豊氏が、「この人と知り合いだったら……」と頭を抱えているところに、部下が「その方、面識ありますよ。名刺交換も済んでます」と答え、「それさぁ、早く言ってよ〜」と言うセリフが印象的なあのＣＭだ。

Ｓａｎｓａｎが提供しているのが、社内で名刺情報を共有して営業効率を上げるためのツールである。このツールでは名刺が共有されるだけでなく、コメント機能もついているため、それぞれの顧客の名刺を介して社内のコミュニケーションが円滑になる。

同じ会社に勤めていても、部署や事業所が違えば面識のないことが多い。それが、各人が保有する顧客の名刺を介して「○○さんとつないでくれませんか?」というやりとりが発生するのだ。また、○○さんの趣味や嗜好などを一度訪問した社内の誰かが書き込んでいれば、それが社内で共有され、新しく訪問する人にとっては、営業攻略の一つの大きな武器となる。つまりSansanは、社内への顧客引き継ぎや顧客紹介といった営業マンの仕事をツール化した上に、膨大な情報を一度に共有することができるべく進化しているのだ。

これを先に紹介したMAやSFA、CRMツールと統合すれば、企業の誰かが1枚の名刺を入手すれば、後はすべてテクノロジーが営業活動をしてくれるようになってもおかしくはない。

ちなみにSansanは、Eight(エイト)という個人向け名刺アプリも提供しており、230万人のユーザーが利用している(2019年4月17日現在)。名刺を持っている人なら一度、見てみてほしいのだが、自分の名刺を誰かがアップしていたら、あなたの名刺は誰でも見られるようになっているのだ（プライバシー制限はかけられると思うが）。私の場合は15年以上前に、新卒で入った会社から数えて、部署異動も含めると10枚くらいの名刺を作成しているが、そのうちの6割がEightにアップされている（もはや本人も持っていない名刺がだ）。

○○会社の○○部の○○部長に商品提案したい場合は、Eightで検索すれば最新の名刺が出てくるかもしれない。その情報さえつかんだら、その人にダイレクトメッセージを送ればいい。提案がいいものであれば、話を聞いてくれる可能性は高い。そこで獲得した部長の名刺をSansanで共有すれば、今度は社内全体にも共有できる。

今後、このようなツールのSNS化がますます進んでいくことは、想像に難くない。「名刺が財産」などと言っている場合ではない。どんどん時代は進んでいくのだ。

今やFacebookやTwitterのような一般的なSNSだけでなく、ビジネスに特化したSNSも出はじめている。これには名刺共有のSansanのみならず、求人情報のWantedlyといった採用特化型のSNSもあれば、マイクロソフト社が買収したLinkedInといった転職に向いたSNSもある。

一度そういったSNSでつながっていると、相手の投稿がタイムラインに常時流れてくるようになる。相手の日常や考えていることが伝わってくればFacebook同様、親近感がわくし、共通の話題も見つけやすい。するといざ実際に会ったとき、事前情報なしの初対面より圧倒的に話が早いのだ。年に数回直接会うより、SNSで接触回数を増やしたほうが、その仲は断然深まる時代になっているというのは前述の通り。

かくいう私も、編集者からTwitterのダイレクトメッセージが届いたことで、本書の企画がはじまっている。前作の『資本家マインドセット』もまた、編集者からTwitterで連絡をもらったことがきっかけだ。

身元がそれなりにしっかりしていて、提案内容がよければ、このような連絡は大歓迎である。よい提案があるなら人づてのコネクションなど探さなくとも、今はいつでも直接アプローチできる時代である。

かくして、あらゆる分野のあらゆる営業マンの業務が、テクノロジーに代替される時代はもう足元まできている。「私が現役の間はまだ大丈夫だろう」などと呑気なことを言っていられる時代は、もうとうの昔に終わっている。

第4章

営業マンはどこに向かうのか

今後、営業マンはどう生きるべきか？

さて、「営業」というもの自体がなくなりうるこれからの時代、営業マンはどのように生きればいいのだろうか。

第2章では最先端の経営戦略を採ることで、すでに営業自体が不要になっていることを伝えた。第3章では最先端企業でなくとも、今後、多くの営業マンがセールステックに代表されるテクノロジーに代替されるという話をした。

これらを踏まえた本章では、営業マンが今後どう生きればいいかについて考えたい。考えられる道は三つある。

①セールステックを使いこなし自らのセールスの成果を底上げする。
②セールステックを使いこなすセールスチームの指揮官になる。
③営業職から離れ自ら戦略を立てられる新たな地位に就く。

それぞれについて見ていこう。

【セールステックを使いこなし自らのセールスの成果を底上げする】

セールステックが進化するにつれ、外勤型のフィールドセールスは、内勤型のインサイドセールスに侵食されていく。この流れはもはや誰にも止められない。

だから、もしあなたが営業マンであり続けたいなら、セールステックを使いこなし、内勤型インサイドセールスで成果を上げることが必須になる。

ただ、インサイドセールスにうまく転向できればよいが、その枠は非常に限られている。セールステックであまりに効率よく営業活動ができてしまうため、インサイドセールスは人員をほとんど必要としないからだ。過渡期であればインサイドセールスの仕事もまだあるだろう。しかしセールステックがすっかり浸透してしまった後は、再び人員整理の波がやってくる。したがってこの道を選んでも、早晩、違う道への歩みを余儀なくされる。

そうなると、営業マンとして生き残るためには、次の「正しい作戦を立てる指揮官になる」しかない。具体的には次のような道である。

【セールステックを使いこなすセールスチームの指揮官になる】

セールステックがいかに優秀なテクノロジーであるとはいえ、ツールの一つであることに変わりはない。ここで大切になるのは人間がその道具をどう使いこなすかだ。先は、個人としてセールステックを使える営業マンになるという話だが、②はセールステック自体をどう使うかを考える指揮官として、「正しい戦略・作戦を立てることのできる人間」になり、「セールステックを使う営業部隊のリーダーとして、チームの成果を最大限に引き上げる指揮官になる」ということである。

これを達成するためには、セールステックを使って営業を行うための「戦略的知識」を持つとともに、チームを成功へと導く正しい「戦略」の立案、その戦略に即した「作戦」立案の術を知る必要がある。

ただ第2章でお伝えした通り、今後は経営戦略レベルで営業を不要とする手法を採るテスラ社のような会社が増えることから、「作戦」どころか「戦術」となる営業自体が不要となり、営業マンを必要としない時代に突入するであろうことは想像に難くない。そこでそんな時代に備える道として、私がおすすめするのは次の道だ。

【営業職から離れ自ら戦略を立てられる新たな地位に就く】

これはつまり「経営者」になるということだ。

第2章でお話ししたように、「戦略によって作戦と戦術が省かれる」のであれば、経営者になることで自らの戦略を立てて生きればいいという話である。

これはもしも今、会社の誤った戦略によって営業の実行部隊（作戦実行部隊）であるあなたが苦しめられているなら、経営者に転身することで自立しようという「自立のススメ」でもある。

ただこれは当然ながら、今の組織で出世して経営者を目指せ、という話ではない。

これについては第5章に詳しく書いているが、多くの大企業は大所帯を養うために売り上げを増加し続けるという負の宿命を背負っている。無理が生じるそのような組織で経営者になったとしても、売り上げを無理強いされることからは抜け出せるかもしれないが、無理強いする立場に変わるだけで、ビジネスマンとしての心の貧しさはなんら変わらない。

一方、私の著書『サラリーマンは300万円で小さな会社を買いなさい』を読んで私のサロンに参加したサラリーマンの方々のうち、この1年間ですでに10人くらいのメンバーが小さな会社の経営者となっている。会社を買ったみなさんが一様に言うのは、サラリーマン時代と違って、すべてを自分で意思決定することができるので、仕事をすることが楽しいということだ。小さな会社の経営者になった瞬間に、仕事が人生の生きがいに変わったのである。

これはマズローの欲求5段階説で言えば、一番上位に位置する「自己実現欲求」を満たすことができたということだろう。与えられた仕事をこなすより、自分で考えて行動し、それを実現する喜びのほうが、数倍やりがいを得ることができるのだろう。

ただ、ここではだからといって前作同様「あなたも小さな会社を買おう」と論じるつもりはない。しかし、それはそれで一つの大きな選択肢にはなりうるので、ぜひ一読してもらいたい。

営業マンは経営者に向いている

とはいえ、今まで営業マン（サラリーマン）だった人がいきなり「会社の経営をし

あなたが手掛けている営業の仕事に必要だと思うスキルは何ですか？

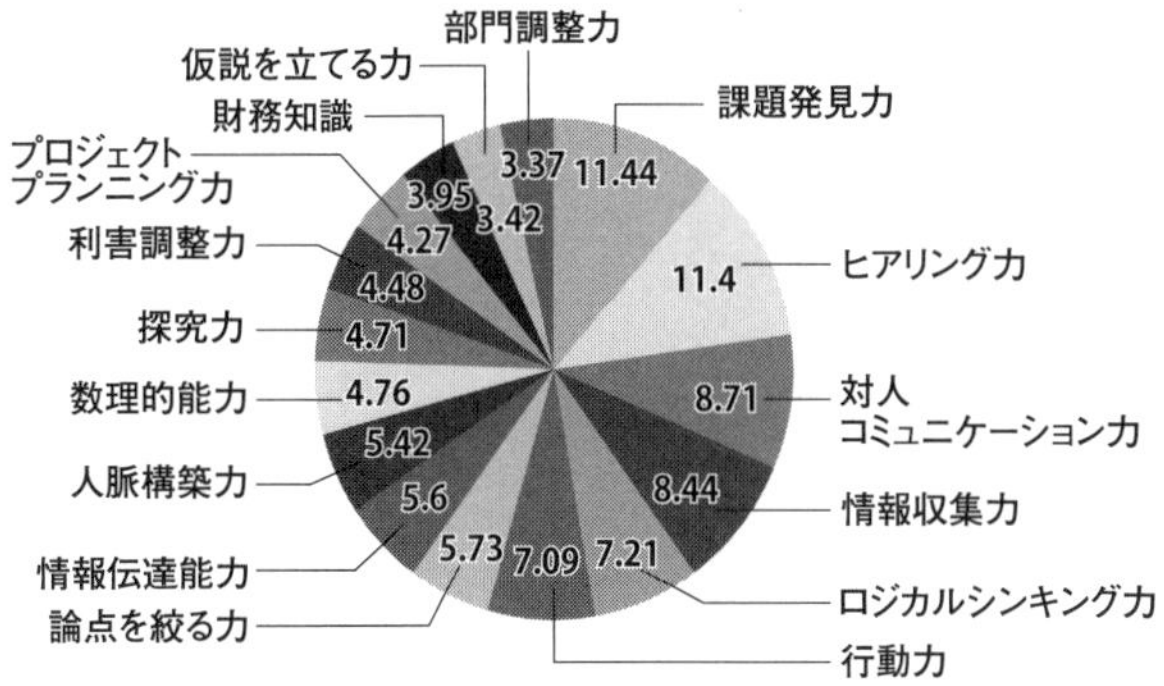

リクナビNEXT「営業職1500人に聞いた「16分野別」絶対不可欠スキル」

よう」と言われても、尻込みするかもしれない。

しかし1000人を超える経営者を見てきた私からすると、営業マンこそが最も経営者に向いた資質を持っている。

上の図は、リクルート社が作成したものだが、これを見ると営業マンには、特に「コミュニケーション力」と「問題解決能力」「行動力」が備わっていることがわかる。

一方、経営学の権威であるピーター・ドラッカーは、トップマネジメントに必要な性格として、

・考える人
・行動する人
・人間的な人
・表に立つ人

を挙げている。

ドラッカーの言う「考える人」とは、先ほどのアンケートで1位と4位と5位に位置する「課題発見力」と「情報収集力」「ロジカルシンキング力」の合わせ技だ。また「行動する人」「人間的な人」「表に立つ人」などは、もはや営業マンのことを言っているとしか思えない。

ゆえに私は、ドラッカーの言う四つの資質をバランスよく兼ね備えている営業マンこそが、会社の経営に向いていると考えている。

これを体現しているのが、サイバーエージェントの藤田晋氏だろう。

彼は大学時代に、リクルート出身の社長が経営する小さな広告代理店で営業マンとしてアルバイトをしていた。大学卒業後に就職したのは、元USEN会長の宇野康秀氏が創業したインテリジェンス（現パーソルキャリア）であった。ここでも営業職を経験し、その後、自分の能力について確信した藤田氏は、新卒1年目にしてサイバーエージェントを立ち上げたという経緯がある。

そして、創業当初にITバブル崩壊の荒波に揉まれながらもそれを乗り越え、今日の成功を収めたのである。

営業マン時代に培う市場開拓能力や、特有のコミュニケーション能力は、会社の経営をはじめる際、間違いなく役に立つのである。

営業マンが勝ちにいくには

ではこれからの時代に営業マンが経営者となり、戦わずして勝つにはどうすればいいか。それには第2章で書いた通り、「戦わずして勝つ」——すなわち「作戦と戦術を省くこと」が欠かせない。この「戦わずして勝つ」の意味を深掘りすると、その真意は「他社と競合にならない形で戦うこと」になるだろう。

そのためには、すでに語り尽くされた戦略ではあるが、「ブルー・オーシャン戦略」をベースに考える必要がある。加えて営業マンが経営者となったとき採用可能な戦略として私が提案したいのが同戦略をベースとした「ブルー・ポンド戦略」だ。

まずは、「ブルー・オーシャン戦略」をおさらいしたい。

これは、欧州経営大学院のW・チャン・キム教授が著した『ブルー・オーシャン戦略』（ダイヤモンド社）の中で披露された考え方だ。

同書では、血で血を洗う競争の激しい市場を「レッド・オーシャン」（赤い海）、競争のまだ起きていない未開拓な市場を「ブルー・オーシャン」（青い海）と呼んだ。

今ある競争の激しい産業はすべてレッド・オーシャンであり、今はまだ生まれていない市場、未知の市場がブルー・オーシャンである。

このブルー・オーシャン戦略は、競合との競争から一歩抜け出すための戦略として、非常に有効なものである。

ただ、私がここで営業マンであるみなさんに伝えたいのは、「この戦略には一つ大きな欠点がある」ということだ。その欠点というのは、「ブルー・オーシャン戦略を用いてほかとの差別化を図った事業も、いずれは模倣されてしまう」という点だ。最初はたしかに青かったブルー・オーシャンも、結果的には単純な「差別化戦略」でしかない以上、いずれは血で赤く染まり、レッド・オーシャンへと変貌する。

その流れをなんとか食い止めることはできないか？　そう考えて私が編み出した戦略が、これから解説する「ブルーポンド戦略」である。

「ポンド」とは「池」を意味する。ゆえにブルーポンド戦略とは、「競合のいない青い小さな池を生み出すこと」を目指すものである。広大で真っ青な「海」を目指すのではなく、小さくも大きな価値のある、自分専用の「池」での成功を目指すのだ。

この「ブルーポンド戦略」は、ブルー・オーシャン戦略の「模倣されやすい」という欠点を補完する、「ポスト・ブルー・オーシャン」とも言える戦略である。

事業が模倣されづらい五つのケース

「ブルー・オーシャン戦略」の後段に記されているが、ブルー・オーシャンで先行者利益を取った後も、継続して模倣されづらい事業とは以下の五つである。

①既存事業（商品）との対比が大きいとき

飛び抜けた一社がすでに飛び抜けた成功を収めている場合。たとえば理髪店のＱＢハウスは、シャンプー台なしでコストを抑え、カット時間を短くすることで、顧客への飛び抜けた価値提供として、低単価（１０００円）かつ、すき間時間で散髪ができるという他の追随を許さぬサービス提供をしている。

②市場での独占の達成

市場を独占、あるいは寡占の地位に立っている場合。他の参入が防げるため、事業模倣されるリスクが低い。携帯電話の3社寡占がわかりやすい。

③規模の経済が働いているとき

事業規模が大きくなれば、資材の大量購入などによりコスト削減ができるため、競争上優位になりやすく、他社が参入しづらい。一般的には資材購入が多く、設備投資が大きい自動車産業などがこれにあたる。多くの自動車を販売することができなければ、一般消費者に販売できる価格になりにくいため他社に模倣されにくい。

④ネットワーク外部性が働いているとき

ネットワーク外部性とは、利用者が増えるほど利便性が上がる現象のこと。たとえばＳＮＳの場合、登録者が少ないと使っても楽しくないが、登録者が増えれば多くの友人とつながることができ、機能は充実、その価値が上がる。利用者の増加→価値の増加→さらなる利用者の増加……と拡大すれば、競合サービスは市場に入りづらくなる。

⑤高い顧客ロイヤリティが発生しているとき

顧客ロイヤリティとは、企業の商品やサービスに対する顧客の信頼度や愛着度を示す。顧客がその製品やサービスに熱狂している場合、スペックや価格といった部分でほかの商品と比較されることがない。理性ではなく顧客の感情やハートをつかんでいれば、他社はそれを模倣しにくい。これはブランドビジネスがわかりやすい。

ブルーポンド戦略とは？

そして、私が営業マンにおすすめするブルーポンド戦略とは、②と⑤の状態の達成を同時に目指すものである。

なぜか。それは①の飛び抜けた事業や、③の規模の経済、④のネットワーク外部性は個人でなんとかなるレベルの話ではないからだ。そこで私がおすすめするのが、②の市場の独占（寡占）と、⑤高い顧客ロイヤリティの達成を同時に狙うという戦略だ。

たとえば②の「市場での独占の達成」を考えたとき、日本の市場全体で1位を狙うのは困難だが、地域を限定すればその可能性が見えてくる。狙う市場が、大手には参入メリットがないほどの小さな市場（池《ポンド》）であるなら、大手との無理な競争を避けることができる。

そして、誰も気づかない間に独占状態（地域のナンバーワンの状態）を築くことができれば、他の競合も参入が難しくなる。②の状態になることができれば、他社から模倣される可能性を著しく下げることができるのだ。

⑤の「高い顧客ロイヤリティが発生しているとき」とは、簡単に言えば、顧客に、自社の製品・サービスのコアなファンになってもらうことだ。

顧客ロイヤリティを高めることができたら、その顧客――つまりあなたの会社の製品・サービスのファンになっている人たちは、もはや「ほかの似た何か」では満足できない。これをルイ・ヴィトングループのようなグローバル企業のレベルで目指せば、難しい気がすると思うが、顔が見える範囲の身近な顧客を満足させる商品・サービスを提供するとすれば、顧客ロイヤリティを維持できると感じないだろうか。

この②と⑤の状態を同時に達成することが「ブルーポンド戦略」の核心である。したがって「ブルーポンド戦略二つのミッション」は、次のようなものになる。

・第一のミッション　規模の小さい市場で独占を達成する

・第二のミッション　身近な範囲で高い顧客ロイヤリティを生み出す

ブルーポンド戦略において重要なのは、この二つの目標を同時に達成することによって、強固な参入障壁を築き上げることにある。

一つを達成するだけでも他社との競争をかなり避けられるが、二つ揃えば竜に翼を得たる如しである。

すなわち、ブルーポンド戦略とは、未開の大海原（オーシャン）を探し出すのではなく、狭いながらも自分だけの価値ある池（ポンド）を見つける、もしくは創り出す戦略なのだ。

営業マンが経営者となり「他社の模倣」を避け、「戦わずして勝ちにいく」なら、ブルー・オーシャン戦略の先にある、このブルーポンド戦略が有効だ。

自分が勝てる池を探せ

では、第一のミッションである「規模の小さい市場での独占」を目指すには、どのような施策を打てばいいのだろうか。

まずは、有利に戦える小さな地区に戦いの場を設けることからはじめてほしい。

これは高校野球にたとえるとわかりやすい。

ご存じの通り夏の甲子園は、東京都と北海道以外、各府県から1校しか出場できない。となると、競争の激しい県の高校で甲子園を目指せば、出場の可能性はかなり低くなる。

そのため球児たちの中には、他の地方の高校に野球留学する者もいる。大都市で10位になって出場できないくらいなら、地方で1位になって甲子園に出場するという、まさにブルーポンドを求めて飛び出し、甲子園出場の確率を上げる作戦だ。

この高校球児たちの戦略は、ビジネスにも使える。市場規模の大きい、東京などの大都市で流行しているビジネスの手法（または最新型のビジネス手法）を、市場規模の小さな地方都市に導入すれば1位になれる確率が高い。

もしどうしても都市部でビジネスを行いたいなら、後継者問題に悩む古くて小さな会社に最先端のビジネス手法を持ち込んだり、衰退産業などと呼ばれ、旧来型の経営手法を取り続けているニッチな業界に、最新型のビジネス手法を導入したりするのも効果的だ。

そうすればどの場合も、うまくいけばすぐ、そのジャンルで1位の会社になれる可能性がある。そしてその地盤を固めておけば、市場が小さすぎて大手が参入してこないため、市場を独占し続けることができる。

この戦略はソフトバンクの孫正義氏が1990年代の終わり頃に提唱していた「タイムマシン経営」の国内版とも言える戦略だ。タイムマシン経営とは、アメリカで成功したビジネスモデルをいち早く日本に持ち込み、大きな利益を得る経営手法を指す。

それと同じように、今、東京の会社や最先端の会社が行っている新しいビジネスの手法を、旧態依然とした小さな市場に導入すれば、それだけでその会社の企業価値を一気に上げることができ、ひいては独占状態までもっていけることになる。

ブルーポンド戦略の成功例

実は友人が私の地元、兵庫県で介護事業を経営しているのだが、このブルーポンド戦略で自社事業の拡大に小さな成功をしている。

以前、彼に会ったとき「東京でこんなビジネスモデルで成功しているところがある」と、簡単なビジネスモデルを一言伝えたら、それを導入しただけでなんと事業スピードが2倍になったのだ。

彼はどんな施策を打ったのか？　戦略の核はたったこれだけだ。

・居抜き物件や民家を使ってデイサービスセンターを作る
・24時間対応にする

居抜き物件で出店費用を抑えるビジネスモデルは、外食産業ではよくある話だ。しかし、当時の介護業界においてこの手法で初期費用を抑えることはあまり浸透していなかった。居抜きやすでにお風呂などの水回りが整っている民家を借り受けて開業すれば、出店の費用が5分の1ほどに抑えられる。また、当時は24時間対応しているデイサービスセンターがあまりなかった。一方で、泊まりのニーズは高かった。これにうまく対応することが差別化につながり、利用者が増え、結果的に売り上げを大きく伸ばすことができた。

彼はこのたった二つの施策で、それまでは2年で1店舗を出すのがやっとだったところから、年に1、2店舗を出店できるようになり、事業拡大のスピードアップを実現した。

「たったそんなこと？」と思われるかもしれないが、東京などの大都市でよく行われている「たったそれだけのこと」を導入するだけで成果を上げられるのが、ブルーポンド戦略の真骨頂である。

彼はたまたま都市部で行われている成功例を聞き、この施策にたどり着いた。しかし兵庫県でデイサービスビジネスをしている人のうち、どれだけの人がこれに気づくことができただろう。

地方や旧態依然とした業界には、「そういう知識がまったくない」「そういう仕組みを取り入れるという発想自体がそもそもない」という、大きな穴がポッカリと開いていることがある。ここにブルーポンド戦略が効力を発揮できるポイントがある。ポッカリと大きく開いた穴を取りにいくのがブルーポンド戦略の一つの大きな策なのだ。

会社の経営は一部の天才だけのものではない

そしてここにこそ、私が営業マンに会社経営をすすめる理由がある。

先の通り営業マンは、「課題発見力」「情報収集力」「ロジカルシンキング力」に長けている。そういう人は勘がいいのでタイムマシン経営に向いているのだ。

私は『サラリーマンは300万円で小さな会社を買いなさい』で、サラリーマンに「小さな会社を買って、その会社を経営しよう」とすすめた。

その理由もこれと同じだ。

東京や大阪などの大企業に勤めていると、よほどの才覚がなければ、企業のバリューアップなどできないと思うかもしれない。しかし地方の中小企業や、都会の中の旧態依然とした小さな会社のバリューアップに求められるのは、そんなハイレベルの改革ではない。

サラリーマン、特に大企業のサラリーマンや最新のIT企業で働くような人、自ら最新のビジネスモデルについて学んでいる人から見たら、「えっ、そんなことすらやっていなかったんですか？　それならやりましょう」という程度の改革で、驚くほど成果が上がるケースも多くある。そしてサラリーマンの中で、最もそこに気づきやすく、行動力のある筆頭が営業マンだと思うのだ。

ファンを生み出せ

さて、ブルーポンド戦略第二のミッションは「高い顧客ロイヤリティを生み出す」である。これは端的に言えば、顧客がその製品やサービスに熱狂している状態を生み出そうということであり、顧客に自社の商品やサービスの一番のファンになってもらうということだ。

この方法の一つとしては、第2章でご紹介した「エクスペリエンス戦略」が有効である。エクスペリエンス戦略を採っている企業は、顧客の熱烈な支持を受けやすい。

また顧客のロイヤリティを高めるにあたってもう一つ大切なことは、そのビジネスを行うあなたの熱量を高めておくこと、逆に言えば、本人が高い熱量を持って取り組むことのできる事業領域でビジネスをする必要があるということだ。

サービスや商品の提供者として、提供者自身が没頭できるものでなければならない。なぜなら本人が自ら夢中になり、圧倒的な熱量を注ぐからこそ、その思いが周囲に伝播していくものだからだ。

たとえば、本書の推薦帯を引き受けてくれた堀江貴文氏が、数々のビジネスの中で最も熱狂しているのは、インターステラテクノロジズというロケットベンチャー事業である（私は、このインターステラテクノロジズの社外取締役も務めている）。

多くのプロジェクトを抱える堀江氏が、中でも最大熱量を持って進めているだけあって、このロケットのプロジェクトには、強烈でコアなファンが大勢ついている。

堀江氏がこの事業に対してクラウドファンディング（後で詳述）で集めた資金は、2019年11月成立分までで合計、約8400万円に達している。そして、2019年5月に打ち上げが成功したMOMO3号の後には、クラウドファンディングとは別に、12億2000万円もの資金調達に成功した。堀江氏は自らの熱により、派手な営業などすることなく10億円以上もの資金を集めたというわけだ。

ここまでの資金が堀江氏のロケット事業に集まる背景には、このプロジェクトが

「宇宙」と「ロケット」という「夢」を追う事業であったことと、そこに堀江氏の並々ならぬ熱狂があったという側面が大きい。

将来性がどうの、収益性がどうのということではなく、誰もが一度は思い描いた宇宙とロケットという「夢」と、堀江氏のもと集結した稲川貴大社長はじめメンバー全員の「熱」、この二つがあることでいやが上にも投資する側の熱量も上がる。

実際、このロケット事業への資金提供者は、ファイナンスのリターンを見込んでいるというよりも、とにかく「応援したい」という人が多い。これは、堀江氏の宇宙事業にかける熱い思いが、周囲に広く、深く伝わった証拠である。

顧客の熱量を高めよ

経営をしていく上で、この「顧客の熱量」は決して侮れない。

私も提供者の熱意に共感し、資金提供をした経験がある。

トライアスロンチームの先輩に、ファッション通販サイト「BUYMA」を運営しているエニグモの須田将啓社長がいる。彼は地元（茨城県水戸市）の思い出のビルが取り壊しになると聞き、「そのビルを買い取って、学生向けの起業支援施設を作る」というプロジェクトを立て、クラウドファンディングで資金を募った（クラウドファンディングの詳細については後述する）。

私は、そのプロジェクトに完全に共感してしまった。

私自身がベンチャーキャピタリストだったこともあり、学生の起業支援は自分でもやりたいと思っていたくらいだし、地方をボトムアップしたいと考えている私としては、地元の思い出深いビルでやるというそのコンセプトにも深く心を打たれた。そこですぐ20万円の支援を決めた。

支援をしたからといって、これは配当金などの直接的な金銭的利益が分配される類のものではない。たしか、そのビルに支援者のネームタグが掲載されて、1回くらいスペース貸切りができるといったリターンだったように思う。しかしリターン自体に興味がないので覚えてもいない。そんなことより、私は、どうしてもその事業に協力したくなったのだ。「あの人がそんな熱量を持ってやろうとしているプロジェクトなら、きっとおもしろいことになるに違いない」と、ワクワクしながら出資した。須田さんの熱量に伝播された私の熱量はすっかり高まっていたというわけだ。

この「顧客の熱量を高めること」がブルーポンド戦略を成功させる第二の要である。自社製品を愛し、売り込んできた営業マンにとっては、これもお手のものだろう。

開業前から顧客の熱量を高める方法

ところで顧客の熱量を高める方法として、先日堀江氏が「火種をみんなに作ってもらう」というおもしろい表現をしたので、併せてここで紹介したい。

その言葉が語られたのは、飲食事業者向けのカンファレンスイベント「FOODIT TOKYO 2019」でのことだった。そこで堀江氏はこのように述べていた。

「飲食の究極は、人と人とのコミュニケーションの場であるということであり、店主とその場所に集う常連客の『場』を作れるかどうかが重要。場を作ることができれば、友達も、その友達も継続的に来店してくれる」

堀江氏は、和牛の卸事業を営む浜田寿人氏とともに運営する「WAGYUMAFIA」でそれを体現している。「WAGYUMAFIA」は、和牛を世界へ広める拠点として、赤坂や中目黒、西麻布に会員制のレストランやサンドウィッチ専門店などを展開しているブランドだ。

彼らは「WAGYUMAFIA」の最初の店舗をオープンさせる何年も前から「和牛を食べる会」を開催し、そこに友人たちを招待しては、メニューなどの試行錯誤を積み重ねてきた。

当初は美味しいものをみんなで作って食べるという会であったが、集うメンバーの反応もよく、常設店舗、つまりは飲食店をオープンする価値があると判断した。

すると集っていた人たちは、「自分たちが、今度オープンする店のメニュー開発に参加した」という意識を持つことになる。つまり、堀江氏が将来オープンする店の当事者という意識が醸成されていったのだ。

堀江氏はこの「和牛を食べる会」を月に1回開き、店のオープン前から着実にファンを増やしていった。

月に一度、20人の友人を呼ぶとすれば、1年やれば240人もの人に、オープン前からファンになってもらえる計算になる。もっと言えばその240人が、開店後に10

人の知り合いを連れてくれれば、顧客は2400人にまで膨れ上がる。10席、20席のレストランをオープンするには、十分すぎるほどのロイヤルカスタマーである。

この「和牛を食べる会」に参加した全員とFacebookでつながり、秘密のグループを作っておけば、それがそのままグループのコミュニティになる。インターネット上に仮想の「場」を作り、そこでもまた顧客の熱量を高め続けることができるのだ。

WAGYUMAFIAを開店するとき、彼らはクラウドファンディングを利用したが、これまでに集まっていたコアファンが初期の会員になっている。店のオープン前に会員権を買ってくれるコアファンがいれば、彼らが初期費用を負担してくれることは言わずもがなである。

また、店の予約が急にキャンセルされるようなときも、Facebookグループ内で「今日、空席ができました」とアナウンスすれば、コアなファンがお店に駆けつけてくれる。さらには、ファンが来店するたびに、このグループに訪問報告をアップするので、ファンへの継続的、自動的なリマインドにもつながっている。

このようにインターネット上に形成されるファンのコミュニティを作っておけば、開業後も顧客ロイヤリティを高く保ち続けることができる。

「顧客の熱量」を資金に変えるクラウドファンディング

さて、堀江氏が提唱するそんな「火種をみんなに作ってもらう」という方法を、仕組みとして実行できるのが、先ほど少し紹介した「クラウドファンディング」である。「クラウド」は「群衆」、「ファンディング」は「資金調達」を意味していて、プロジェクトや事業の開始時に、幅広く、多くの人から資金を集めることで、プロジェクトを成功させる手法のことである。

国内では、先日、東証マザーズに株式上場した「Makuake（マクアケ）」からはじまり、「CAMPFIRE（キャンプファイヤー）」、「READYFOR（レディーフォー）」、キングコングの西野亮廣氏の発案で吉本興業がプロデュースする「SILKHAT（シルクハット）」など、複数のプラットフォームでこのサービスが提供されている。

一昔前ではとても考えられなかったが、今や一般人でも開店資金や開業資金をクラウドファンディングで集めることが可能な時代だ。

クラウドファンディングで出資した人は、先の「WAGYUMAFIA」同様、「開店準備に参加した」という当事者意識を持っているため、開店後、必ず店に足を運ぶ。

また、新しい商品のプロトタイプでクラウドファンディングをした場合は、プレマーケティングに使うこともできる。「このような商品コンセプトで開発・販売をしたい」と資金を募るため、支援者からは「こういった機能を追加してほしい」「ここのデザインをこうしてほしい」などの要望が上がり、共同開発しているような意識にさせる。

つまりクラウドファンディングには「顧客のロイヤリティを高める装置」が、すでに内包されているわけだ。

クラウドファンディングでその店や商品を支援した人は、資金を提供した上に、宣伝までしてくれる。これによって現在、開業や起業は、これまで難しかったスタートダッシュを決めやすくなった。そんなクラウドファンディングは、いわば「熱量の高さ」を資金に変える両替機のようなものである。

かくして事業を成功に導いている人たちは、こうした工夫で事前に顧客ロイヤリティを高めつつ、資金いらず、営業いらずの経営を実現している。営業マンが起業する際も、クラウドファンディングに成功すれば、きっと同じことが可能だろう。

雇われグセを払拭する

このように最近では、初期の資金集めや顧客の囲い込みが非常に簡単になっている。

しかし生まれてからこのかた、自分でお金を稼いだことのない（サラリーしか受け取ったことのない）人は、「自分の手でお金を稼ぐ」という概念を有していない。だから1円稼ぐのにもとてつもないハードルがあるかのように錯覚している。これがサラリーマンが小さな一歩を踏み出せない大きな問題であり、雇われグセを持つ人の悪いところだ。

そんな人にいつも私が言っているのは、なんでもいいから自分が仕入れた商品を自分の手で売ってみなさい、ということだ。コピー機を販売している営業マンであれば、お客さんのオフィスに入ることが許されているわけだから、ウォーターサーバーや観葉植物でも売ることができるだろう。副業禁止であれば、当面は、「友達がやっているのでただの紹介です」と言って、本当に商品の紹介だけしてフィーを取らなければ問題ない。その仮想の紹介フィーが、自分が独立できるレベルまで積み上がったら、サラリーマンを辞めて独立すればいいのである。とにかく、自分が自分の看板でお金を稼ぐという経験をしてみないと、営業マンが経営者になるという道をひらくことはできない。

私の友人に、某大手広告代理店でサラリーマンをしながら（もちろん、バリバリの営業マンとして）、クラウドファンディングでレトルトカレーを販売している人がいる。「カレーマン」というハンドルネームでブログをはじめ、カレー好きが高じて、「だしカレー」という商品を開発して販売したのだ。

初回のクラウドファンディングは、キャンプファイヤーで行い、２３２人の支援者を集め、２１７万円を売り上げた。その後は、自身のブログやＢＡＳＥというネット

フレッシュなスパイスと
カレーマン
だしカレー
現在の支援総額
2,178,877円
目標金額は1,000,000円
パトロン数
232人
募集終了まで残り
終了
みんな今まできっと食べたことのない？！ニッポンのカレーの進化系！出汁の違いによってカレーを楽しむという新しいスタイル！ラーメンクリエイターの庄野智治さんと東京スパイス番長のシャンカール・ノグチさんのコラボレーションをカレーマンがプロデュースした、ここでしか食べられない絶品カレーだよ！
お気に入り

ショップシステムに移行し販売を続けているという（https://shop.dashicurrytokyo.com/）。

大手広告代理店という激務の中でも、好きなことを事業にすれば、その情熱が周囲に広がり、熱が伝播されていく。また、この232人からすれば、レトルトカレーといえば「だしカレー」になるわけだから、ブルーポンド戦略としては、市場を独占していることになる。

ちなみにここで「たった217万円を売り上げたくらいで事業とは言えない」というくだらない批判をする人は、経営者に向いていない。

あの三木谷浩史氏率いる楽天の初月の売り上げはたったの32万円だった。そのうち、18万円は三木谷氏自身が購入したので、実際の売り上げは14

万円だったというのは有名な話。

どんな経営者も、最初の一歩の歩幅は小さい。しかし、小さくともゼロからイチへと歩み出せる勇気と、そこから粘り強く前に歩みを続ける精神が重要なのである。

実際に、カレーマンの「だしカレー」も、クラウドファンディングの反響を見た人から、食イベントのオファーがきたり、熊本県天草市のふるさと納税への商品提供が決まっているとのことだ。対外的にアピールすれば、拾う神がどんどん現れるのが、自分で商売することの楽しさでもある。

「オンラインサロン」で営業なしで稼ぐ

私が運営するオンラインサロン「サラリーマンが300万円で小さな会社を買うサロン」も、ブルーポンド戦略の視点で運営している。

オンラインサロンというのは、インターネット上で展開される会員制コミュニティサービスのことだ。新しいスキルを身につける、知識を学ぶ、共通の趣味を持つ仲間を作る、新しいことにチャレンジする。そのような場として活用されている。簡単に言ってしまえば、私塾であり、カルチャースクールのオンラインバージョンだ。

私のサロンは、運営開始からたった1年で、日本で10位以内に入る売上高のサロンになった。

実は、小さな会社や事業の売買を行う「スモールM&A」というのは、ベンチャー界隈では10数年以上前から普通に行われていた。小さなベンチャービジネスを個人で買うという人も、それなりにいた。

要するに私は、ベンチャー経営の猛者たちが利益を上げるツールとして使っていたスモールM&Aという考え方を、まだあまりこうした情報が出回っていない中小企業の経営者やサラリーマンを相手にいち早く届けただけということだ。

もしほかのスモールM&A実践者が私と同じようなタイミングで本を出し、サロンをはじめていたら、私は今、このようなポジションにはいないだろう。

私は、あまり情報が出回っていない「スモールM&A」という名のブルーポンドに、オンラインサロンを持って真っ先に飛び込んだ。そして、自分が運営するファンドのノウハウを熱量高くメンバーに伝えることで、サロンの実績も重ねていった。ここまで独走してしまえば、同じ分野でオンラインサロンをはじめようと思う人はまず現れないだろう。

私は人に何かを教えて、人が成長していくさまを見ることが好きで、これまでに予備校や専門学校の講師を8年もやっていた。こうした経験から私は、非常に熱量高くオンラインサロンの運営を行えている。僭越ながら、自分の弟子が、各所で活躍していく様子を仙人のように眺めるのがビジネスキャリアの最終章だと思っている。

だから本気で会社を買って経営したい人しか入ってこないように、私のサロンは月額1万円という、オンラインサロン業界ではかなりの高単価にしている。価格を下げて、広く多くの人に参加してもらおうとは毛頭思っていない。本気の人にしか熱量を伝えたくないし、中途半端な人が入ってサロン内の熱量を下げてもらいたくもないからだ。そんな運営方針でも、派手な営業活動なしに、多くの人が参加するサロン運営をすることができている。ニッチ市場で戦って独占し、熱量を高めて顧客ロイヤリティを維持しているのである。

NewsPicks Bookの事例

さて、「もはや本は売れない」「衰退産業だ」と言われて久しい出版業界においても、このオンラインサロン運営を駆使することで、ブルーポンド戦略第二のミッションである「高い顧客ロイヤリティの醸成」と「資金調達」に大いに成功している人物がいるので紹介しておきたい。

その人とは、幻冬舎の編集者で、「NewsPicks Book」の編集長でもある箕輪厚介氏だ。

彼が手掛けた本には、32万部を突破した堀江貴文氏の『多動力』や、41万部のSHOWROOM代表前田裕二氏『メモの魔力』、21万部の佐藤航陽氏『お金2・0』、14万部の落合陽一氏『日本再興戦略』などがある（2019年11月時点）。

そんなヒットメーカーである箕輪氏が編集長を務めるNewsPicks Bookは、箕輪氏が所属する出版社の幻冬舎と、ソーシャル経済メディアのNewsPicksがパートナーシップを組み、2017年4月に立ち上げた書籍レーベルだ。

そしてそのNewsPicksの新刊を、月に1回届けるサービスがついているのが、「ＮｅｗｓＰｉｃｋｓアカデミア」である。これも「ＮｅｗｓＰｉｃｋｓ」と幻冬舎の協業によって生まれた会員制サービス（一種のオンラインサロン）である（2019年11月現在、ＮｅｗｓＰｉｃｋｓとは別のレーベルであるＮｅｗｓＰｉｃｋｓパブリッシングからの新刊の発送もはじまっている）。

この「オンラインサロンの会員にＮｅｗｓＰｉｃｋｓ Ｂｏｏｋを毎月1冊送付する」というアイデアは、箕輪氏が生み出した実に秀逸なシステムである。

何がそんなに素晴らしいのか？ ＮｅｗｓＰｉｃｋｓアカデミアの会員には、新しい本が出るたびに会員に1冊ずつ本が送られる。ということは、ＮｅｗｓＰｉｃｋｓ Ｂｏｏｋは本を出すだけで、一切の営業活動なしに、会員数分の本が売れる仕組みになっているのだ。

本を出してもその多くが赤字で、黒字はすべてベストセラー頼みと言われる出版業界において、編集者は常に「ベストセラーを出さなければ」という重圧に耐えている。

そんな中、箕輪氏は2018年8月21日に公開されたｗｉｔｈｎｅｗｓの取材の中で、「今は会員が3000人以上になったので、書店で1冊も売れなくても、書籍単体で見れば損をしないスキームになりました」と語っている。

つまり箕輪氏は、出版するだけで黒字が確定する仕組みを生み出したことになる。おかげさまで、私の『資本家マインドセット（幻冬舎NewsPicks Book）』も箕輪氏が生み出したこの手法で、初速を稼ぎ出してくれた。

この仕組みこそ正に「戦わずして勝つ」の極地である。

彼の功績は、「衰退産業」だと言われる出版業界の中に、オンラインサロン運営を持ち込むというブルーポンド戦略で、大いに成果を上げていることにある。

箕輪氏がこの世界を目指してNewsPicks Bookを立ち上げていたという証しが、同取材の次の回答からみてとれる。

「──（筆者注：NewsPicksとの）協業はどういう経緯ですか」

「『書籍はギャンブルすぎる』とこれまで言われてきました。前作が10万部売れた作家さんでも、次回作までに2年や3年かかると、またゼロから『売れた、売れない』のレースにさらされる。これって本当にばかばかしいと思うんです。

だったら、買ってくれた10万人の読者を何らかの形でつなぎとめて、次はそこからのスタートにすればいい。他のビジネスでは当たり前ですけど、ちゃんとフォロワーを作るということです。出版社のビジネスがどんどん厳しくなる中で、『安定的に本が売れるようなプラットフォームを作りたい』という思いが幻冬舎にはありました」

箕輪氏は、はじめから「戦わずして勝つ世界」を目指し——より具体的には、「NewsPicksアカデミア」を明確に「高い顧客ロイヤリティ」を維持し続けるための装置として用いるべく、NewsPicks Bookというレーベルを生み出していたのである。

ほかにも箕輪氏は、「NewsPicksアカデミア」の立ち上げ後に、自らが運営するオンラインサロン「箕輪編集室」を立ち上げたが、こちらも明確に、オンラインサロンを通して顧客ロイヤリティの長期間の維持を目指して立ち上げられたものだろう。

実際に箕輪氏は、「箕輪編集室」を立ち上げた経緯について、先と同じwithn

ewsの取材で、次のように答えている。

「――オンラインサロン（筆者注：「箕輪編集室」）はどうしてはじめようと思ったのですか」

「もともとはホリエモン（堀江貴文氏）のサロンがきっかけです。昔からホリエモンの本は売れてましたけど、安定的に5万部を軽く超えるようになったフェーズがあって。その理由が何かって考えたら、オンラインサロンだったんです。

本の構成の一部を担当したり、SNSで拡散させたりするのを、サロンのメンバーがわちゃわちゃと楽しんでやっていて、発売前から『前バズ』のような盛り上がりがありました。そこから販売がはじまると、初速の売れ行きがガーンと出て、アマゾンや書店のランキングに入る。そうすると、ホリエモンファン以外の人たちにも本の評判が届くような流れが出来ていたんです。

（略）最初の火種って、実は数十人でいいんです。大きなCMを打って何千人、何万人を動かそうとしても、ピクリとも動かないこともあるけれど、僕が30人に顔を突き合わせて本気で『どうしても売りたいから、一緒に頑張ってほしい』と言って本物のファンをつくっていけば、バーっと燃え広がっていく」

このようにオンラインサロンという装置には、サロン内にいるファンの熱狂を、その外部にまで強く伝播していく力が備わっている。

箕輪氏は、自身のオンラインサロン「箕輪編集室」の中で、著者への取材の様子を公開したり、構成や情報整理の作業などを手伝ってもらったりしている。さらにはなんと、本が出た後、書店営業まで手伝ってもらっているのである。このようにして、関わったサロンメンバーの人たちと「私たちが作った本」という意識を共有してビジネスを行っているのだ。

活動に参加したサロンメンバーにとって、その本はもはや我が子同然である。苦労して産み落とした我が子を、鳴かず飛ばずで終わらせるわけにはいかない。だから本が発売されると、その本を広める「最初の火種」となってくれるのである。

この箕輪氏の話は、堀江氏の「ＷＡＧＹＵＭＡＦＩＡ」とも共通している。つまり、オンラインサロンのメンバーに、「火種を作ってもらっている」わけだ。

経営者になるならば、「ブルーポンド戦略」と非常に相性のいいオンラインサロン運営を、機会があればぜひ、事業の中に取り入れるといいと思う。

その際は私が、スモールM&Aについてのオンラインサロンを真っ先にオープンして成功したように、その分野において一番乗りでサロンを開き、実績を作るというのがポイントだ。大きな資金調達不要、「顧客のロイヤリティを高める装置」がすでに内包されており、営業いらずで稼ぐことができる可能性のあるオンラインサロンの運営を行うなら、早いに越したことはない。

目標を明らかにする

ただしサロン運営をするなら、そのサロンに入ることでメンバーが何を達成できるのかは、きちんと設計する必要がある。

サロンに入るのは、目的を達成するための手段である。ここを取り違えて、サロンにいること自体を目的化してしまうと、メンバーにとってはお金を払う意義が薄れてしまう。このことがいつしかメンバーの熱を奪っていく。

サロンでメンバーが達成できることというのは、私のサロンなら「スモールM&Aができるようになる」であるし、西野亮廣氏のサロンなら「西野氏がぶち上げた、この世には存在しないプロジェクトを一緒にやれる」ということだし、堀江氏のサロンなら「サロンメンバーとともに遊び尽くし、ともに成長しながら、新しい時代の生き方を創り上げる」ということだし、箕輪氏のサロンなら「ベストセラー作りに参加し、編集とライティングの技術について学ぶことができる」といったことだろう。

もしサロン運営はハードルが高すぎると感じたら、もちろんクラウドファンディングで同じようなことをやってもいい。あるいは、堀江氏の「WAGYUMAFIA」のように、まずは「場」を作ることで顧客ロイヤリティを高めることもできる。

いずれにせよ、営業マンには経営者になる素質がある。私も元はと言えば営業マンだ。独立を決意するならば、戦わずして勝つために、あらゆる工夫を試みてほしい。

第5章

営業マンを自由にする「小商い」のすすめ

会社から搾取され続けていないか

マルクスは『資本論』の中で、1日工場で働く労働者の日給が1万円だったとき、もしその日の労働が生み出した利益が2万円なら、差額の1万円に相当する労働は資本家に搾取されると考えた。

また、同様にマルクスは、労働者については「〝二重の自由〟を保持しなければ、労働者として搾取され続ける」と言っている。二重の自由とは「生産手段の自由」と「身分的拘束の自由」だ。

「生産手段の自由」とは、原料や工場・機械などの生産手段を、企業に提供されるがままにするのではなく、自ら持たなければいけないという意味である。資本家が準備した工場や機械にいつも頼っていたのでは、労働力を切り売りするしかなく、資本家に搾取され続けることになる。

一方、「身分的拘束の自由」とは、自分の労働力を拘束されずに、商品やサービスを販売できる自由を持つということだ。これはかつては「奴隷」からの解放を意味するが、現代社会では「社畜」から逃れる権利を指すだろう。自らの意志で物事を決めるという選択肢を持たない者は、会社から搾取され続ける運命にあるということだ。

戦略立案の自由を取り戻せ

第4章で説明した通り、インターネットを中心としたテクノロジーの進歩によって、今やビジネスを起こすために多額の資金を有する必要はなくなった。

その証拠に、今や世界のビジネスを牛耳ると言われるGAFAのうち、Google、Apple、Amazonはガレージから、Facebookに至っては創業者のザッカーバーグ氏が、自宅や大学のカフェテリアで初期のプログラムを一人で組み上げたところからはじまっている。新しいビジネスのスタートには、ガレージすら不要であったということだ。

このように、今、ビジネスのスタートや生産性向上のために必要なインフラのコストは一気に下がっている。同時にインターネットの急激な広がりによって、手に入らない情報はなくなり、情報はフラット化している。

そして現代社会には、奴隷制度が存在しているわけではないし、「身分的拘束」もない。日本においてもこの数十年で自由な転職が随分と可能になった。自ら社畜であり続ける必然性はまったくない。

昨今の起業環境の充実や、フリーランスが社会的に受け入れられつつある風潮を考えると、身分的な拘束からは限りなく自由な状態にあると言えるだろう。

すなわち私たちは、不当な搾取を受けたくなければ、生産手段の自由においても、身分的拘束の自由においても、資本家の支配から逃れることが可能になったのだ。

しかし、それでも今、多くの人が「自分は自由だ」とは思えないままでいるとしたら、その原因を私は、会社に帰属することによる安心感と引き換えに、多くの人が「戦略立案の自由」を奪われているからだと考えている。

あなたが営業マンだとしたら、こんな経験はないだろうか。「自分でもまったくいいと思えない売れない商品を、無理やり売りに行かされて苦しかった」ということが。

この「売れない商品でも営業マンが営業を通して売る」という「戦略」を決めたのは誰か。それはマルクスが言うところのオーナー経営者たる資本家であり、上場企業であれば証券市場が発達した昨今においては経営者だ。つまり、あなたを苦しめるものの正体は、経営者が立案した「誤った戦略」なのかもしれない。

だから、あなたが真の自由を手にするためには、「生産手段の自由」と「身分的拘束の自由」を獲得するとともに、第三の自由である「戦略立案の自由」を、自らの手でつかまなければならない。これが私が営業マンであるみなさんに経営者になることをすすめる理由でもある。

なぜ「小商い」をすすめるのか

「そこまで言うなら大きな事業で勝負したい」と思う人がいるかもしれない。

でも、私がブルーポンドである「小さな会社」の経営をすすめるのは、ブルーポンド戦略にのっとった市場選択理論だけの話ではない。

ではなぜ私は、こうも小さな会社の経営を行う「小商い」をみなさんにすすめているのか？　その答えは単純に言えば、「売り上げが大きくなればなるほど、リスクが増え、先行投資も増えるから」だ。ここからは実際の経営の視点で「小商い」を語っていきたい。

たとえば商品を仕入れたとする。その商品を売って売り上げとするわけだが、当然、売り上げを上げるより先に、商品への投資が必要となる。

しかし、もし仕入れた商品が売れなかったら、それはすべて損失になってしまう。うまく当初の見込み通りに販売できたとしても、顧客が何らかの理由で代金を支払わなかったらこれも損失になる。売り上げを大きくするために人を採用しても、その人が会社に貢献しなければ損失になるし、その人のために用意したデスクやパソコンなどの備品も損失になる。

当たり前のことだが、商売をする以上、売り上げを作るためには投資をし続けなければいけない。そして規模が大きくなればなるほど、この投資金額は大きくなり、その分、リスクも大きくなる。

以前、年商100億円規模の会社を経営する私の経営の師匠がこうつぶやいた。

「今年、100億円の売り上げがあっても、来年はゼロになるかもしれない。給与をもらいながら働いている社員は、当たり前のように来年も100億円くらいの売り上げが立つと思っているけどね」と。

売り上げは継続するとは限らない。経営判断の連続の中でなんとか生み出し続けるものなのである。サイズが大きくなれば、経営判断の数も投資する金額も増える。リターンの額が増える分、リスクの量も増えていく。投資規模が大きくなると、一度の経営判断のミスが致命傷になりかねない。事業を不要に拡大するということは、一瞬の判断ミスで破滅を導く螺旋階段を上っているようなものなのだ。

リスク回避を優先させよう

この「事業を必要以上に拡大しない」ということは、「人の数を必要以上に増やさない」という意味も含んでいる。

優秀な人材を雇うことができれば事業が上向くと思われがちであるが、実は「人への投資」は最も投資回収が遅く、効率が悪い。中小企業の場合は、組織の人数が少ないことから、よりリスクが大きくなる。

中途採用なら即戦力になると思うかもしれないが、実はそうとも言い切れない。

そもそも職場に慣れて実力を発揮できるようになるまでに半年はかかる。また中途採用者は、いい意味でも悪い意味でも新卒採用に比べてスキルが特定されているだけに、会社の方向性と合わなければ、まったく能力を活かすことができないこともある。

有名企業で活躍した人を採用したいという中小企業も多いが、優秀な社員相手にマネジメントをしてきた人が、そこまで優秀ではない中小企業でも同様のマネジメントができるかといえばそうではなかったりもする。

また、大企業に属していた転職者の職務経歴書に書いてある実績は、一人で築いたものではなく、たいていはチームでの成果である。大手企業という看板で仕事をしてきた人がその看板を外すというのは、戦車から降りてゲリラ戦を行うようなものだ。まったく違う戦い方が求められるため、柔軟な対応力がなければ中小企業で活躍することはできない。中小企業で個人戦になったときに結果を出せる人は稀なのだ。

中途採用した人材が期待ほどには活躍しなかった場合、たとえ円満に退職してもらえたとしても、採用活動にかかったエージェント費用、それまでの給与、その人が滞らせた業務ロス、会社から去ってもらうことに対する組織への影響など、マイナス要素があまりに大きい。

では、新卒採用ならどうかといえば、中途採用ほど期待を裏切られることは少ないかもしれないが、一人前の働きをするまでに数年はかかるため、やはり同様にコストが発生してしまう。

このような障害を乗り越えて、初めて人への投資が回収されていくのだ。その時間と成功の確率を考えると、人への投資は非常にハイリスクなものだと言わざるを得ない。カルビー元会長でプロ経営者の松本晃氏は、取材の中で次のように述べている。

（カルビーのCEOになった直後に）「商品も、いらないと思ったものはどんどん生産を止めるよう指示しました。会社というのは、新商品と称して、物をいっぱいつくりたがるものです。開発の人たちは、仕事だから新商品をどんどん生み出す。でも、つくっても思うように売れない。そうするとテレビコマーシャルなどのプロモーションをやる。つまり販促にカネをかける。それでも売れないと、また新しい物を作る。いらない商品がどんどん増えて、気づいたら無駄が多くなっているんです」

「出世ナビ」（2019年8月17日）

まさにこれまで私が指摘してきた無駄な営業の集積のような話だ。人を抱えるために無駄な営業が発生し、営業するための商品を生み出すために、より多くの無駄な物が生まれ、それらの無駄な仕事でビジネスマンの貴重な人生が無駄に消費されていく。

人を抱えて部署を作れば、メンバーは自分の居場所を守ろうとモノを作り続ける。一人ひとりのミクロ環境ではこれが正解かもしれないが、会社全体というマクロ環境では、これがマイナスに働くことも少なくない。経済学にある「合成の誤謬」が発動されるのである。

少数精鋭型「小商い」のすすめ

組織には「閾値」というものがある。どのような組織サイズが適切なのかを考えるとき、一つのヒントになるのが「ダンバー数」だ。

1993年、イギリスの人類学者ロビン・ダンバーは、霊長類の脳の大きさと、群れの大きさとの間に相関関係を見出した。そこから算出した、人間が安定的に関係を維持できる人数の上限が、ダンバー数である。

人間関係にはいくつかの階層があるとされており、その階層ごとのダンバー数は次のようになっている。

第0階層……3～5人（危険なときに駆けつけてくれる、お金の相談ができる、助けを乞う、秘密を打ち明けられるとても親密な友達の数）

第1階層……12～15人（月に1回程度会うような親密な友達の数。「シンパシーグループ」と呼ばれる）

第2階層……45～50人（距離のある友達の数）

第3階層……150人（友達の限界であるダンバー数）

このダンバー数を仕事の関係にあてはめると、毎日顔を合わせて忌憚なく意見を言い合う関係を保つには、第0階層の3～5人に留めるべきだということになる。5人では仕事が回らないという場合でも、よほどの経営センスがない限り、せいぜい第1

階層の12～15人には収めておきたい。

これに近い概念で企業規模について考えるとき「売り上げ1億円の壁」「3億円の壁」「10億円の壁」という話を経営者界隈ではよく話題にする。

1億円の売り上げを超えるのは難しく、やっと超えたと思ったら、次は3億円の壁が待っている。さらにその後は10億円の壁が……という話だ。

経済産業省の発表によれば、中小企業の一人当たりの売上高はだいたい2000万円ほどだという。一人2000万円だとしたら5人で売り上げ1億円になる。15人なら3億円……、50人なら10億円。つまりこの1億円・3億円・10億円の壁の話と、ダンバー数の階層の話は、案外、連動しているのだ。

業種によって一人当たりの売上高は異なるため、売り上げとの連動はアバウトであるが、人が集まる場にはたしかに「閾値」が存在しており、閾値を超えるタイミングで壁が立ちはだかるということだ。

大企業の組織には、「部」があり「課」がある。これは、ダンバー数のような考え方から逆算して生み出されているものだろう。

そして結論を言えば、「組織は少数精鋭であればあるほど効率的に動くことができる」ということだ。

そこから逆算して私がすすめるのは、やはり「自分を入れて5人以内の小さな組織にする」という戦略だ。「少数精鋭型・小商いのすすめ」である。

実際、私のファンドは私を含めて4人態勢となっており、5人以上にならないようなサイズ感で運用することをイメージしている。その理由は、それ以上になるとマネジャーである私の仕事の効率が如実に下がることを実感しているからである。

私は効率的に働くことで、「お金からも、働くことからも自由になり」「好きなことを、好きな人と、好きなようにやれる人生を手に入れたい」と思っている。

そのためには、ファンド5人以内の態勢が、マネジメントコストやコミュニケーションロスが発生しない、無理のない経営体制だと感じている。ブルーポンド戦略を実践するなら、みなさんにも少数精鋭型のコンパクトな経営をおすすめしたい。

多くの人を雇って事業を拡大する理由などどこにもない。わざわざ仕事の効率を下げ、人生のクオリティを下げる必要はどこにもないのだ。

なぜ人は会社を大きくするのか

それでは、いったいなぜ、世間にはこうも商売を大きくすることをよしとする空気が蔓延しているのか。

多くの会社が営業を重ね、「前年度比110％の成長」といった目標を当たり前のように掲げるが、なぜ前年度以上の利益を出さなければいけないのだろうか。

それは上場企業の場合、株主がそれを望むからである。

株主とは投資家のことである。投資した以上、株価が上がらなければ話にならない。そうでなければ投資資金を回収できない。だから上場企業の経営陣は、株主の「会社を成長させろ」というプレッシャーを受け続ける。

上場企業にはこのような前提があるため、「成長こそが素晴らしい」とか、「売り上げ・利益は拡大すべきだ」という価値観が、資本主義社会の中で広く根付いてしまっている。そしてそれが、本来必ずしも成長を続ける必要のない企業にまで浸透してしまったのである。

株式を公開していない会社に、過剰なまでの利益の拡大を追い求める必要はない。銀行借入を返せるくらいの利益があるなら、無理をして会社の売り上げを増やす行動など不要なのである。ちなみに老舗の同族企業は、こうした概念をしっかり保持していることから、数十年にわたり売り上げが変わらない企業も多く存在する。

結局に、非上場企業で、株主と経営者がほぼ同じであるような会社の場合、「拡大し続けなければいけない」といった考えは、実は経営者の単なる「思い込み」、あるいは本来必要のない「見栄」の発動である場合が多い。

社会の流れにただただ身を任せるのではなく、自分自身がどう生きていきたいか、仕事だけではなく、どういう生活を送っていきたいか。これらのことについて、今一度立ち止まってしっかり見つめ直す必要がある。

時代の揺り戻しが起こっている

実は『資本論』にも、「小商い（小経営）」が論じられている部分がある。これによるとマルクスの時代に小経営が成り立たなかったのは、「小経営は、土地やその他の生産手段の分散を前提とするから」だとされている。すなわち、小経営を行う者たちそれぞれが小規模の資本を保有するが、生産能力がひ弱で、資本家が経営する大資本にのみ込まれてしまうのだ。

しかしすでにお話しした通り、生産手段が集積しない現代は、小経営を行う者にも「生産手段の自由」が確立されている。

マルクスは、小経営が大資本にのみ込まれるのは、小資本のまま、分業も協業も行えないがゆえに生産性が低いからだとした。しかしインターネットが普及し、フリーランス社会が到来した今は、小資本がゆるやかに結びつくことができ、分業も協業も自由に好きなだけ行える時代になった。また、ビジネスをはじめるのに大きな土地も設備も不要となった今の時代においては、資本家が現れる以前のように、小経営を行う者に有利な時代がきているのである。

マルクスはまた、「労働者が自分の生産手段を私的に所有していることが小経営の基礎であり、小経営は社会的生産と労働者自身の自由な個性の発展のために必要な一つの条件である」とも言っている。小経営こそワークライフバランスの取れた本来あるべき仕事のあり方なのである。

そんな時代を最も有利に生き抜く方法の一つが、私が提唱する「ブルーポンド戦略」を用いての「小経営」、つまり「小商い」なのである。

「ポートランド」が時代の行方を示している

これから「小商い」の波が押し寄せてくることを示す兆候は、すでにある地域において見られている。

それは「全米で一番住みたい街」第1位に何度も選出されている、アメリカの北部に位置する地方先進都市「ポートランド」だ。

オレゴン州最大の都市であるポートランドは、ナイキやインテルなど、先端企業の本社があることで知られる一方、この地は昔からクラフトビールや革製品といった「地場産業の町」という一面も持っている。

数年前からこのポートランドの「小商い」に世界の注目が集まっている。

ポートランドには、チェーン店など大手大資本が手広く経営する店がほとんどなく、地元に根付いた個人店のレストランやショップが数多く並んでいる。地元で採れた食材を使って料理を出し、地元アーティストの作品を販売するショップが点在し、それが大きな賑わいを見せている。

これはまるで、１００年前のスモールビジネスだ。これをクールと感じる若者たちが、ポートランドに続々と押し寄せている。

ポートランドは、他州からの転入者の割合が全米1位であり、各地から毎週５００人もの人が引っ越している。現在65万人余りの人口が、２０３０年には１００万人を超えると見込まれるほどの人気ぶりだ。

こうしたポートランドのライフスタイルを発展させてきたのは、地元の中小企業主たちである。この空気が、サードウェーブ・コーヒーの世界的ブームなども生み出している。

ポートランドの「スタンプタウン・コーヒー・ロースターズ」は、サードウェーブコーヒーの御三家の一つに数えられている。

アメリカといえば、何でも大量に生産し、大量に消費する国というイメージがある。

ところがポートランドでは、そうしたイメージと逆行するように、細部に時間と手間とこだわりを費やした、質の高い製品が生み出され人気になっている。

まるで先祖返りのように、小さなビジネスが、お互いにリスペクトを持ちながら共存し、多くの商店主が「商売で儲けて会社を大きくすることよりも、このままの規模で地域に貢献し、質のいい商品を作ることのほうが大事」と口にしている。

そしてこのスタイルに共感する人たちによって、ポートランドは何度も「全米で一番住みたい街」第1位になるほどの人気エリアになっている。

これは、今後この「小商い」のムーブメントが、世界的に伝播してくる可能性を示している。

ポートランドの少数精鋭型「小商い」

そんなポートランドにある、連日長蛇の列ができる人気のドーナツ店が、「ピップス・オリジナル・ドーナツ＆チャイ」である。

この店は、小さなケータリング事業を営むところからはじまっている。

はじめのうちはケータリング用にシェアスペースのキッチンをレンタルしていたが、そのうち手狭になり、大きなキッチンを借りるようになった。そこで、せっかくキッチンが大きくなったのだからと、ついでにドーナツ店もはじめたのが「ピップス・オリジナル・ドーナツ&チャイ」のはじまりである。

この「ピップス・オリジナル・ドーナツ&チャイ」は、私が提唱する少数精鋭型小商いの見本のような店である。オーナー夫婦の奥さんであるジェイミー・スネル氏は、『Spectator』(Vol34、2015)の取材に対し、次のように話している。

「私たちのゴールは長期的な安定なの。ビジネスを安定させることと、家庭生活を両立させること。うちには子どもが3人いて、夫婦ふたりとも家族と過ごす時間が欲しかったの。だから、自分たちの理想の生活スタイルを実現するために、まずは生活の基盤になるビジネスを作りたかった。それはすごく成功していると思うわ。

それから、お客さんの居心地がよくて地域の核になるような人が集まる店にしたかったの。現代社会では人間的なふれあいが大切だと思うからね。

(略)投資家からチェーン展開の誘いも来るけど、私たちはそういうものに興味がないわね。でも、スタッフにはちゃんと賃金を払っているわよ。うちの時給はポートランドの平均よりも高い方だから。

(略)店を大きくするときに気をつけるのは、スタッフや家族がどう受け止めるか。拡大することで私たちが大事にしてきたことが台無しになったら意味がないもの。ビジネスも拡大しようと思えばできるのよ。でも、今はあえて店の規模も商品の値段も手の届く範囲にしたいから、自分でめんどうを見られる規模におさえているの」


正に、「少数精鋭型小商い」の極みである。

また同インタビューからは、この「ピップス・オリジナル・ドーナツ&チャイ」が、第2章で紹介した「エクスペリエンス戦略」を持って立ち上げられた店だということも読み取れる。次の部分だ。

「ミニドーナッツは、シアトルの〈パイクプレイスマーケット〉という大きなファーマーズマーケットのカフェで食べた『デイリーダズン』というドーナッツがヒントになっているわ。
そのとき食べたドーナッツはそんなにおいしくなかったけどね。20年前に、雨が降っていて、カフェラテを飲んで、あたたかいシナモンドーナッツを手に持っていた。そのときの体験や気持ちを再現して、人と分かち合いたかったの」

このように、「エクスペリエンス戦略」と「ブルーポンド戦略」を用いる少数精鋭型小商いを営むことによって、人生を謳歌しているのが、この「ピップス・オリジナル・ドーナッツ&チャイ」の商店主なのである。

自ら戦略メーカーたれ

そんな世界のムーブメントの潮流を生み出す街、ポートランドのスローガンは「Keep Portland Weird（変わり者でいこう）」である。これは「他人と違っていたっていいじゃないか」という、多様性を容認するメッセージである。

このように世界の多様性を許容する考え方は、「ダイバーシティ」と呼ばれる。

そんな「ダイバーシティの考え方が、都市の持続的発展を推進する」と説くのは、「クリエイティブクラスの出現」を世に知らしめた、『クリエイティブ資本論』（ダイヤモンド社）の著者、トロント大学ビジネススクールのリチャード・フロリダ氏である。

私は電車でスマホゲームに興じている人を見るたびに、貴重な人生の時間を無駄にして……と残念な気持ちになる。それは、他人が作ったゲームというアイデアを消費しながら、ただただ時間を浪費しているだけだからである。

『クリエイティブ資本論』では、「クリエイティブクラス」という考え方が紹介されている。作業着を着て工場などで働く人を「ブルーカラー」、スーツにネクタイ姿のオフィスワーカーを「ホワイトカラー」と呼ぶが、「クリエイティブクラス」とはその上に位置する「自由に生きる人たち」のことである。

よりわかりやすく言えば、「社会的に決められたゲームのルールに乗るのではなく、自分の好きなものや好きなことに関する創造を通して、自分で人生のゲームを構築し、自由に生きている人たち」のことである。

クリエイティブクラスの人たちは、自分がゲームに興じるだけではなく、自らがゲームを作る「ゲームメーカー」であり、戦略を生み出す「戦略メーカー」の側に立とうとしている。

クリエイティブクラスに属する人たちも、最初は他人が作ったゲームに興じていたかもしれない。しかし、ゲームのルールの欠落点に気づき、よりよく作り替えたり、ゲームのコンセプト自体を練り直したりしているうちに、だんだんゲームの作り手側、戦略の作り手側に回っていったのだろう。

つまり、他人のアイデアをただ消費するのではなく、自らもアイデアを加えたり、新たに作り上げたりした結果、大きな「自由」を獲得したことになる。

クリエイティブ資本家の時代

『クリエイティブ資本論』には、クリエイティブクラスが集積する一つの条件として「ボヘミアン係数」なるものが出てくる。

ボヘミアンとは、世間的慣習を無視して、放浪的な生き方をする人のことである。

そして『クリエイティブ資本論』には、「ボヘミアンのように、自分のやりたいことを突き詰めることができるアートな人材こそが、都市の発展を担っている」といったことが記されている。

もはや「クリエイティブ資本家」は、社会の発展を担う大きな要にまでなっているということだ。

そして事実、ボヘミアン係数の高い都市は、経済的にも高い成長率を保っている。

シリコンバレーのハイテク企業群は、ニューヨークなどの東海岸が受け入れなかった、長髪、ジーンズなどのドレスコードを受け入れ、個性を重視した採用を行うことで、新しいテクノロジーに関心を持った人材を集めた。そしてそれによって大きく発展し、世界全体の経済成長の担い手となった。

そんなシリコンバレーの代表的な企業Ｇｏｏｇｌｅには、「仕事時間の20％は仕事以外のことを発想したり行ったりする」という「20％ルール」がある。

これは自由な発想を生むための試みであるが、実際にＧｏｏｇｌｅのプロダクトの半分は、この「20％ルール」で生まれていると言われている。

たとえば第2章で取り上げたＧｏｏｇｌｅマップも、当初は「世界中の道に車を走らせて写真を撮って何になるのか？」と不思議がられたプロダクトだ。

当時はマップで収集したデータをどう活かすのか、誰もがまるで想像がつかなかった。しかしスマホが誕生し、多くの人々がネットに同時接続できるようになった今、これはユーザーの位置情報を使った渋滞予測など、さまざまな用途に使われている。

そのＧｏｏｇｌｅマップが今や、１５００億円もの収益をＧｏｏｇｌｅにもたらしていると言われている。今、世界を回しているのは、そうしたボヘミアンであり、正にクリエイティブクラスに属している人たちなのである。

売上予算達成というお題目のもと、一糸乱れぬ営業組織で思考停止し、猪突猛進しているようでは先がない。

これから自由な人生を手に入れるには、自分とは何かを考えながら、自分のやりたいように、自由に生きる術を身につけていく必要がある。

そんなクリエイティブクラスにいち早く転身するための術が、本書でお伝えしてきた「ブルーポンド戦略」を用いた少数精鋭型「小商い」である。

日本だからこそ得られるチャンスがある

ちなみに『クリエイティブ資本論』の著者、フロリダ氏によれば、クリエイティブクラスの人材が生まれやすい地域は、新しい経済単位として「メガ地域」と呼ばれる地域である場合が多いとしている。

メガ地域とは、いくつもの都市が複合して形成された、巨大な経済圏のことであり、都心と郊外地域から成る大都会と違い、都市自体が成長して密度を高め、外へと拡大、ほかの都市と合体して生まれた地域のことを言う。

フロリダ氏は、『クリエイティブ都市論』の中で、「メガ地域はその国の経済エンジンであるばかりか、グローバル経済の実質的な立役者なのだ」と述べている。前の項目の話とつなげて考えれば、「メガ地域で活躍するクリエイティブクラスこそが、世界の発展に最も貢献する者たち」であるということだ。

世界には40ほどのメガ地域が分散しているという。

そしてこの日本には、実は「広域東京圏」「広域大阪名古屋圏」「九州北部」「広域札幌圏」という4つの地域がメガ地域に指定されている。

つまり世界のメガ地域の1割が日本にあるのだ。

『クリエイティブ都市論』の「翻訳者によるあとがき」の中には、翻訳者の井口典夫氏の手によって、フロリダ氏が「日本は世界一の『スーパー・メガ地域』だ」と述べたというエピソードが記されている。

世界各国に比べて日本は、地方の力が圧倒的に強い。

私はブルーポンド戦略の一つの打ち手として、「地方に活躍の場を見出す」方法を紹介したが、地方が強い価値を持つ日本において、この戦略は非常に有利に働くと考えている。この日本にいるということ自体がすでに、これから少数精鋭型小商いを実践する人にとって、大きなアドバンテージとなっているのである。

おわりに

『営業はいらない』という衝撃的なタイトルをつけて、営業がいらなくなるであろう可能性を論じてきた。

でもここで明確にしておきたいのは、私は「営業（という行為）がなくなる」と言っているだけで、今、活躍している営業マンのみなさんが、即座に路頭に迷うと言っているわけではない。

それぞれの会社の屋台骨を支えているのが営業マンという存在だろう。それほどまでに優秀で組織からも必要とされている人材が、すぐに行き場を失うわけではない。

私は営業マインドがビジネスを行う上で、一番大切なことであると考えている。

ひとまずやってみる、決めたことは何があってもやりきる、恥じず臆さず人とコミュニケーションを取る、拒絶されてもへこたれず次への歩みを進める。どれもとても重要なことだ。

でもだからこそ本書では、近い将来、営業（という行為）がなくなる可能性が高いのであれば、営業マンは次なる道を模索し、準備しておいたほうが得策なのではないかという提案をしたいと思っている。

「営業がなくなる」前提で次のオプションを考えながらビジネスキャリアを歩む人と、「営業はなくならない」と断じて今の立場を維持する人では、どちらが有利なビジネスキャリアを歩むことができるだろうか。私は何事も選択肢は多いほうが有利だと考えている。

いみじくも、推薦帯を書いてくれた堀江貴文さんからは『営業はいらない』というタイトルを伝えたときに、すぐさま「最も大事で、最も必要ないもの、それが営業ということだ」という推薦コメントをいただいた。

営業ができる人はなんでもできる。でもそれがゆえに、その能力を惰性で浪費するのではなく、自分の人生のために最大限活用してほしいというのが本音である。

私もサラリーマン時代に睡眠時間を削りながらモーレツに営業をしていた。新人ながらも、古参社員を差し置いて営業成績トップにもなった。また、政治家時代の選挙活動では、個人宅を1日200件くらい個別訪問していた。一日中、電話の前に座り、ひたすら投票依頼も行っていた。まさに選挙には営業のすべてが詰まっていた。そして現在の会社立ち上げの際にも、昼夜問わず営業していた。

ただ、本文に記した最近の動向をとらえたときに、「本当に営業は必要なのか？」と自問自答することとなった。近い将来、営業がなくなるのであれば、その前提で準備し、動いたほうがいいのではないかと考えるようになった。

そして今は、営業が必要ない経営へとシフトチェンジしつつある。

本書では、その考え方を一人でも多くの営業マンに伝えるとともに、日本の貴重な宝である営業マンの解放を後押しすることができればと思っている。

【SpecialThanks】※敬称略

ベルフェイス株式会社

（講談社）阪上 大葉

小蔦　康二郎

室下 敏

森川 和樹

山口 勝

武田 太郎

原口 正太郎

袴田 久美子

大平 晃士

宮田 亘造

九里 道子

岩崎 純一

飯島 寛

寺﨑 大剛

山下 悟郎

室野 秀

川上 和彦

小尾 豪

本田 健太郎

仲尾 正人

本田 路子

河野 英太郎

著者略歴

三戸政和（みと　まさかず）

株式会社日本創生投資 代表取締役社長。1978年兵庫県生まれ。同志社大学卒業後、2005年ソフトバンク・インベストメント(現SBIインベストメント)入社。ベンチャーキャピタリストとして日本やシンガポール、インドのファンドを担当し、ベンチャー投資や投資先にてM&A、株式上場支援などを行う。2011年兵庫県議会議員に当選し、行政改革を推進。2014年地元の加古川市長選挙に出馬するも落選。2016年日本創生投資を投資予算30億円で創設し、中小企業に対する事業承継・事業再生などに関するバイアウト投資を行なっている。2018年4月に上梓した『サラリーマンは300万円で小さな会社を買いなさい』が累計16万部超えのベストセラーとなり、読者を中心としたオンラインサロン(経営塾)「サラリーマンが300万円で小さな会社を買うサロン」の参加者は200名を超える。また、ロケット開発会社インターステラテクノロジズの社外取締役、堀江貴文氏が主宰する「堀江道場」のオブザーバーなども務める。著書に『サラリーマンは300万円で小さな会社を買いなさい』『サラリーマンは300万円で小さな会社を買いなさい・会計編』(講談社)、『資本家マインドセット』(幻冬舎)、『まんがでわかる 絶対成功! ホリエモン式飲食店経営』(講談社)などがある。Twitterアカウントは「@310JPN」。

SB新書　503

営業はいらない

2020年2月15日　初版第1刷発行
2020年3月10日　初版第4刷発行

著　者　三《み》戸《と》政《まさ》和《かず》

発行者　小川 淳

発行所　SBクリエイティブ株式会社
〒106-0032　東京都港区六本木2-4-5
電話：03-5549-1201（営業部）

装　幀　長坂勇司（nagasaka design）

図版作成　諌山圭子
組　版　アーティザンカンパニー
編集担当　石塚理恵子
編集協力　編集集団WawW! Publishing 乙丸益伸（Twitter：@masumasu_o）
ブックライティング　稲田和絵（https://book-writer.com/profile）、小蔦康二郎
印刷・製本　大日本印刷株式会社

本書をお読みになったご意見・ご感想を下記URL、
または左記QRコードよりお寄せください。
https://isbn2.sbcr.jp/04608/

ISBN 978-4-8156-0460-8